跨界——渠道中的人际关系与组织间关系

杨 倩◎著

电子工业出版社
Publishing House of Electronics Industry
北京·BEIJING

内 容 简 介

基于嵌入理论与跨界理论，本书在渠道情境下系统研究了组织边界人员间的人际关系对组织间关系的影响路径与影响机理。结合中国家电行业 225 对制造商-分销商的一对一关系数据的实证研究结果，本书指出：高层管理人员间的人际关系、中层销售/采购经理间的人际关系都可通过促进边界人员的跨界行为——信息处理与外部代表使其所属组织受益；中层销售/采购经理间的关系对组织间关系的促进作用大于高层管理人员间的人际关系；当两个级别边界人员间的人际关系同时存在时，它们对组织间关系的促进作用会产生协同效应。

本书为组织合理分配资源、有效利用人际关系提高组织绩效提供了理论与实践指导，可供企业管理人员、大专院校的师生、对组织关系管理与实证研究感兴趣的人员参考。

未经许可，不得以任何方式复制或抄袭本书之部分或全部内容。

版权所有，侵权必究。

图书在版编目（CIP）数据

跨界：渠道中的人际关系与组织间关系 / 杨倩著. —北京：电子工业出版社，2019.12

ISBN 978-7-121-37652-8

Ⅰ. ①跨… Ⅱ. ①杨… Ⅲ. ①企业管理－人际关系学－研究 Ⅳ. ①F272.92

中国版本图书馆 CIP 数据核字（2019）第 234831 号

责任编辑：徐蔷薇　　　特约编辑：田学清
印　　刷：北京捷迅佳彩印刷有限公司
装　　订：北京捷迅佳彩印刷有限公司
出版发行：电子工业出版社
　　　　　北京市海淀区万寿路 173 信箱　　邮编：100036
开　　本：720×1000　1/16　印张：11.25　字数：183.6 千字
版　　次：2019 年 12 月第 1 版
印　　次：2020 年 4 月第 2 次印刷
定　　价：69.00 元

凡所购买电子工业出版社图书有缺损问题，请向购买书店调换。若书店售缺，请与本社发行部联系，联系及邮购电话：（010）88254888，88258888。

质量投诉请发邮件至 zlts@phei.com.cn，盗版侵权举报请发邮件至 dbqq@phei.com.cn。

本书咨询联系方式：xuqw@phei.com.cn。

前 言

人际关系是社会交往与经济交易的必然产物，人际关系当中隐含的友情、尊重、信念及责任能帮助个人所在组织有效缩短组织间的距离，增进彼此的了解与信任，从而促进组织间交易关系的形成和交易活动的顺利进行。以中国为代表的新兴市场，其廉价的劳动力和丰富的生产资源为其吸引了大量的外来投资，带来了经济的繁荣。然而，与快速发展的经济相比，这些新兴市场中的制度环境和法律体系建设明显滞后，人际关系在经济活动中的作用十分重要。因此，研究人际关系对改善组织间关系的具体路径和内在机制对企业的实践具有很强的理论指导意义。

边界人员是组织的关键代表，在组织边界从事着各种活动，这些活动将两个或更多个因制度、位置或功能差异而独立起来的组织联系在一起。边界人员发挥两项基本职能：信息处理和外部代表。通过发挥这些职能，边界人员不仅支持了组织与外部环境的信息交换，还帮助组织应对各种环境的影响。嵌入理论指出，任何组织的经济活动都嵌入在其所处社会环境的人际关系中，人际关系影响组织的经济活动。代表组织进行经济决策与运作的边界人员，其行为也会受人际关系的影响。较强的人际关系为边界人员与交易伙伴边界人员间的联系和信息共享提供坚实的基础（信息处理），帮助边界人员与交易伙伴边界人员有效开展合作、恰当解决冲突（外部代表）。边界人员有效地发挥其基本职能，最终使各自代表的组织受益，表现为使组织具有较高的经济绩效。因此，本书认为，边界人员间的人际关系是通过促进边界人员基本职能的发挥来帮助组织提高经济绩效的。

基于以上背景，本书在渠道情境下，按照边界人员在组织中所处的不同位置将其划分为高层管理人员及中层销售/采购经理，分别探讨高层管理人员间的人际关系、中层销售/采购经理间的人际关系与组织间关系的微-宏观联系，以及不同级别边界人员间的人际关系对组织间关系的联合作用与单独作用的效果差异，并在跨界理论和嵌入理论的基础上，结合文献综述与企业访谈的结果提出了概念模型和假设。随后，本书利用从中国家电行业采用问卷调查法获得的 225 对制造商-分销商的一对一关系的配对数据，采用结构方程模型的方法对概念模型和假设进行了检验。检验结果支持绝大多数假设，研究达到了预期目的。

研究结果显示：首先，高层管理人员间的人际关系和中层销售/采购经理间的人际关系都可以通过促进组织在沟通、知识共享、冲突解决及合作方面的行为互动来提高组织间关系质量；其次，当两个级别边界人员间的人际关系同时存在时，它们对组织在沟通、知识共享、冲突解决及合作方面行为互动的促进作用会产生协同效应；最后，中层销售/采购经理间的人际关系对组织在沟通、知识共享及合作方面的行为互动具有更大的促进作用。本书的结论验证了人际关系与组织间关系的正向联系，明确指出了人际关系对组织间关系产生影响的具体路径，扩展和丰富了现有人际关系的研究与理论，对企业的实践具有极强的指导意义。

本书的主要创新点与成果体现在以下几个方面。

1. 支持和验证了社会网络理论研究中有关良好的人际关系能够改善组织间关系的观点。在对组织间联盟关系的研究中，关于人际关系对组织间关系的影响存在两种不同的观点：一种观点认为，人际关系能增进组织间的了解和正向情感，因而能有效改善组织间关系；另一种观点则认为，过度重视人际关系会使组织碍于个人情面而做出不够合理的经济决策，会对组织间关系产生负面影响。本书的研究结果显示，在制造商-分销商的一对一关系中，良好的人际关系对组织间关系具有正向的促进作用，从而支持和发展了上述第一种观点。

2. 丰富和发展了跨界理论，揭示了组织边界人员间的人际关系对组织间关系的影响机制。本书引入跨界理论的分析视角，从边界人员发挥的两项基本职能——信息处理和外部代表出发，通过理论推理指出边界人员间的人际关系是通过促进组织在沟通、知识共享、冲突解决及合作方面的行为互动来进一步提高组织间关系质量的。这一推论得到了相应数据检验结果的支持，丰富了人际关系对组织间关系影响的相关研究。

3. 研究了当高层管理人员间的人际关系与中层销售/采购经理间的人际关系同时存在时，它们对组织间行为互动促进作用的联合效应。研究结果显示：当两个级别边界人员间的人际关系同时存在时，它们对组织在沟通、知识共享、冲突解决及合作方面行为互动的促进作用会产生协同效应。高层管理人员与中层销售/采购经理在组织中处于不同的位置，发挥不同的职能，当他们分别与交易伙伴相同级别的边界人员建立起人际关系时，组织内部对于组织间行为互动的态度更趋于一致。行为互动不仅能得到组织高层的政策支持，其具体执行还将更加通畅，因而能比单个级别边界人员间的人际关系产生更大的促进作用。这一结果有助于加深人们对人际关系对提高组织间关系质量的了解。

4. 比较了高层管理人员间的人际关系与中层销售/采购经理间的人际关系对组织间行为互动促进作用的相对大小，结果显示：中层销售/采购经理间的人际关系对组织在沟通、知识共享及合作方面行为互动的促进作用更大。中层销售/

采购经理是组织业务活动的实际参与者，他们有更多的机会与交易伙伴相同级别的边界人员接触与谈判，更加了解组织间行为互动的背景、需求与操作流程，因而他们之间的人际关系能够对组织间的行为互动产生更大的促进作用。这一结论对组织恰当分配资源、合理培养边界人员间的人际关系具有理论指导意义。

本书的研究开展和书稿撰写受到了国内外多位知名学者的支持和指导，这些学者包括上海交通大学的刘益教授、美国迈阿密大学的 Luo Yadong 教授、美国马萨诸塞大学洛厄尔分校的 Huang Ying 教授。在此，作者对 3 位学者的悉心指导表示衷心的感谢！同时对所有接受调查或提供资料的单位及个人表示诚挚的谢意！

受作者能力所限，书中难免存在不足之处，敬请广大读者指正，以便作者在后续的研究中改进和完善。

作者

2019 年 9 月于西安

目 录

第1章 引言 ··· 1
1.1 研究背景及意义 ·· 1
1.1.1 研究背景 ·· 1
1.1.2 研究意义 ·· 4
1.2 研究目的、思路与方法 ·································· 5
1.2.1 研究目的 ·· 5
1.2.2 研究思路 ·· 6
1.2.3 研究方法 ·· 7
1.3 研究内容与框架 ·· 8
1.3.1 研究内容 ·· 8
1.3.2 研究框架 ·· 9

第2章 理论与学术背景 ······································ 11
2.1 跨界理论的分析视角 ·································· 11
2.1.1 跨界理论 ··· 12
2.1.2 跨界理论对人际关系与组织间关系的连接 ············ 14
2.2 人际关系研究述评 ···································· 15
2.2.1 人际关系的内涵 ··································· 16

2.2.2 人际关系的类型 ·· 19
2.2.3 人际关系在组织经济交易中的作用 ······························· 21
2.2.4 人际关系的形成条件与培养因素 ·································· 30
2.2.5 人际关系的研究小结 ·· 34
2.3 关系质量研究述评 ·· 35
2.3.1 关系质量的内涵 ·· 36
2.3.2 关系质量的前因变量 ·· 38
2.3.3 关系质量在交易关系中发挥的作用 ······························· 50
2.3.4 关系质量的研究小结 ·· 57
2.4 本书的总体研究框架 ·· 58

第3章 概念模型和假设 60
3.1 访谈法 ··· 60
3.1.1 访谈的准备工作 ·· 61
3.1.2 访谈的过程 ··· 63
3.1.3 访谈结果分析 ··· 64
3.2 概念模型 ··· 67
3.2.1 人际关系 ·· 68
3.2.2 组织间行为互动 ·· 68
3.2.3 组织间关系质量 ·· 70
3.2.4 概念模型的提出 ·· 71
3.3 假设的提出 ··· 73
3.3.1 边界人员的跨界行为的中介作用 ·································· 73
3.3.2 不同级别边界人员间的人际关系对跨界行为的共同作用 ··· 76
3.3.3 不同级别边界人员间的人际关系对跨界行为的作用差异 ··· 78
3.4 小结 ·· 79

第4章 研究方法 81
4.1 研究方法介绍 ·· 81

        4.1.1　文献综述法 ··· 81
        4.1.2　问卷调查法 ··· 82
        4.1.3　实证研究法 ··· 82
    4.2　数据搜集 ·· 86
        4.2.1　问卷设计 ·· 87
        4.2.2　调查过程 ·· 90
        4.2.3　样本的检验 ··· 92
        4.2.4　数据的基本特征 ······································· 94
    4.3　研究所涉及构件的测量 ··································· 97
        4.3.1　选择测量指标的基本原则 ··························· 97
        4.3.2　构件的测量指标及其选择依据 ···················· 98
    4.4　假设检验的方法 ·· 104
        4.4.1　二阶因子的检验 ······································ 104
        4.4.2　中介变量的检验 ······································ 105
        4.4.3　不同回归方程的回归系数的比较 ··············· 106

第5章　**数据检验** ·· 107
    5.1　数据的初步处理 ·· 108
        5.1.1　数据排序 ·· 108
        5.1.2　默认值替代 ··· 108
        5.1.3　测量指标净化 ·· 108
    5.2　信度与效度分析 ·· 109
        5.2.1　信度分析 ·· 109
        5.2.2　效度分析 ·· 113
    5.3　数据的描述性统计分析 ··································· 116
    5.4　概念模型和假设检验 ····································· 117
        5.4.1　准备工作 ·· 117
        5.4.2　检验过程与结果 ······································· 118

第6章 结论与启示 ··· 122
6.1 主要结论 ··· 123
6.2 创新点和贡献 ··· 124
6.3 理论意义 ··· 126
6.3.1 人际关系对组织间关系的促进作用——跨界的视角 ······· 126
6.3.2 多级别的人际关系视角 ································ 127
6.4 管理启示 ··· 128
6.5 局限性和未来的研究方向 ···································· 130
附录 A 制造商问卷 ··· 132
附录 B 分销商问卷 ··· 137
参考文献 ··· 142

第1章

引 言

在过去的30年里,有关个人关系在提高组织绩效中扮演角色的研究逐渐增多。尤其对处于新兴市场中的企业来说,个人关系已经成为企业的一种战略工具,因为个人关系能帮助企业:①保障稀缺资源;②通过非正式的社会机制促成经济交易;③在相对不健全的法律框架下应对体制和市场变化环境。虽然现有研究对个人关系的重要性及作用给予了一致的认可,但就组织人员之间的个人关系是通过怎样的机制来推动组织取得优异绩效的研究仍相对缺乏。正如Palmatier等人(2007)指出的那样,现有关于组织间交易的研究中涉及个人关系或关系网络的研究是十分有限的。基于这一不足,本书在新兴市场下研究在组织交易中边界人员之间的人际关系,探索组织边界人员之间的人际关系与组织层面的组织绩效之间的联系机制与作用路径。

1.1 研究背景及意义

1.1.1 研究背景

加入世界贸易组织后,中国的GDP(国内生产总值)从2001年的11万亿元人民币增长至 2019 年上半年的 45.09 万亿元人民币，年均同比增长 6.3%，中国连续多年成为全球经济增长的第一引擎。这一系列的经济成就不仅促使中国连续赶超日本、欧盟成为仅次于美国的世界第二大经济体，使"中国制造"行销全球，还把中国经济活动的行为特征与潜在规则展现在世人面前，使其成为经济实践者与理论研究者关注的重点。与其他领域相似，中国式的人情因素也渗透到经济活动的各个领域中。研究人员发现，在中国社会中，很多时候都是人际关系产生交易，培育良好的人际关系是在中国进行经济交易的重要前提。交易组织之间的人际关系指的是交易组织边界人员之间的人际关系。这是因为，边界人员是组织的关键代表，在组织边界从事着各种活动，这些活动将组织与其他组织联系在一起。边界人员在组织间关系的建立和维护中具有至关重要的作用。

跟任何事物一样，人际关系也具有两面性，恰当建立并利用人际关系能为交易组织搭建彼此了解的桥梁，进而促使双方开展交易，改善组织间关系；但过分重视与滥用人际关系也会造成组织资源浪费、舍本逐末，不利于组织间的交易，危害组织间关系。因此，为了避免资源浪费，最大化人际关系在经济交易中的正面作用，需要切实了解人际关系对组织间关系产生正向激励的内在机制。虽然现有研究对人际关系对组织间关系的影响进行过一些研究，但现有研究对边界人员间的人际关系在组织间关系形成机制中的作用的研究仍显不足。

首先，现有研究发现，良好的人际关系能够为组织间信任的建立提供良好的基础；缩短组织间的距离，加快组织间联盟关系形成的进度；帮助组织更好地搜集信息，以加深对交易伙伴的能力和商业信誉的了解，降低组织间联盟关系的风险和不确定性；有效缓解组织间的竞争关系，预防组织间关系发生变动。但这些研究仅仅指明了边界人员间的人际关系对组织间关系影响的直接作用，并没有明确揭示人际关系到组织间关系的具体路径。

其次，组织的边界人员既可以是高层管理人员，又可以是中层销售/采购经理。现有研究都是单独考虑一个级别边界人员间的人际关系的作用效果（高层或中层），忽略了当两个不同级别边界人员间的人际关系同时存在时，二者对组织间关系的作用效果及影响机理。

再次，高层管理人员和中层销售/采购经理在组织中处于不同的位置，拥有不同的权力，发挥不同的职能，所以他们对组织间关系中的行为互动和对组织间关系质量的作用效果很可能是不同的。然而，现有研究并没有对此问题进行深入的探讨。

最后，在一对交易关系中，边界人员间的人际关系及组织间的交易关系都是双方互动的过程。现有研究仅使用单边的数据来捕捉双方边界人员间的人际关系并研究其对组织间关系的影响，并不能全面地反映人际关系及人际关系对组织间关系作用的本质。

最为常见和认可的组织间关系的测量指标是关系质量，关系质量是对特定交易关系全方位的评估，是交易双方对交易关系的强度和亲密程度的综合评价，它体现了组织间交易关系的整体氛围，以及交易双方的需求和愿望在多大程度上获得了满足等。良好的关系质量，不仅可以提高交易双方各自的竞争实力，拓展交易双方的合作深度，加强交易双方的相互整合，还有利于交易双方自觉控制并降低交易冲突水平，培养相互忠诚，支持交易关系持续发展，进而加快交易双方的创新与市场扩张进度。因此，良好的关系质量是组织间关系持续进行并使组织取得成功的重要保障，也是组织间关系的重要体现。

关于关系质量的影响机制，现有研究已从组织在特定交易关系中获得的高额收益、对交易伙伴的高度依赖；组织间及时、可靠的沟通；较低的冲突水平；交易双方在文化、目标、价值观等方面的相似程度；交易双方对交易关系的投资；交易关系的持续时间、业务接触与商业互动的频率；交易双方边界人员间的人际关系等方面对组织间关系质量的影响进行了探讨。尽管这些研究已从多个方面揭示了影响关系质量的关键因素，但多数研究是在西方经济背景下进行的，在中国情境下又有哪些因素对关系质量有着重要的影响作用呢？

为了解决这些问题，本书综合考虑高层管理人员间的人际关系与中层销售/采购经理间的人际关系对组织间关系质量的影响机制，探讨了两个不同级别边界人员间的人际关系对组织间关系质量的联合作用，并进一步明确了两个不同级别的边界人员间的人际关系对组织间关系质量单独作用的效果差异。

1.1.2 研究意义

本书的研究意义主要表现在以下几个方面。

(1) 支持和验证了社会网络理论研究中有关良好的人际关系能够改善组织间关系的观点。

在组织间联盟情境下,关于人际关系对组织间关系的影响作用有两种不同的观点:一种观点认为,良好的人际关系能改善组织间关系;另一种观点则认为过度重视人际关系会对联盟内的组织间关系产生负面影响。本书在渠道情境下的研究结果显示,在制造商-分销商的一对一关系中,良好的人际关系对组织间关系具有正向的促进作用,从而支持和发展了上述第一种观点。

(2) 引入跨界理论的分析视角,深化了人际关系与组织间关系的内在联系的研究。

通过引入跨界理论的分析视角,本书从边界人员发挥的两项基本职能出发,依据理论推理出边界人员间的人际关系是通过促进组织在沟通、知识共享、冲突解决及合作方面的行为互动进而改善组织间关系的。这一结论不仅指明了人际关系对组织间关系改善作用的具体路径,丰富了人际关系与组织间关系内在联系的相关研究,还扩展了跨界理论的适用范围。

(3) 探讨了当不同级别边界人员间的人际关系同时存在时,它们对组织间行为互动(沟通、知识共享、冲突解决及合作)的联合作用,并进一步比较了它们单独作用时的相对作用大小。

本书同时考虑了组织高层管理人员间的人际关系与中层销售/采购经理间的人际关系,以实证研究方法对组织间的沟通、知识共享、冲突解决及合作行为在人际关系与组织间关系中的中介作用进行了检验。现有文献在研究边界人员间的人际关系时,重点关注了组织高层管理人员间的人际关系,但是中层销售/采购经理也是组织的边界人员,他们在组织间交易的过程中也可能与交易伙伴相同级别的边界人员建立良好的人际关系。在实践中,组织不同级别的边界人员很可能同时与交易伙伴相同级别的边界人员建立起人际关系。此外,由于高层管理人员与中层销售/采购经理在组织中处于不同的位置、拥有不同的权力、发挥不同的职能,他们之间的人际关系对组织间关系发挥效力的机制和影响效力的相对大小很可能是不同的,因此有关高层管理人员间的人际关系作用机制的研究结论不能也不应该直接运用到中层销售/采购经理间的人际关系当中。因此,研究二者的联合作用和单独作用的效果差异具有很强的现实需求和价值。

1.2 研究目的、思路与方法

1.2.1 研究目的

本书以我国家电行业的制造商-分销商的一对一关系为研究对象,从制造商与分销商的角度,采用实证研究的方法具体探讨了组织边界人员间的人际关系对组织间关系改善作用的具体路径。在此基础上,本书分别研究了当不同级别边界人员间的人际关系同时存在时,它们对组织间行为互动的联合作用,并比较了不同级别边界人员间的人际关系对组织间行为互动影响效力的相对大小。希望本书的研究结论对相关理论研究和实践活动都有所裨益。

在理论层面,本书在总结现有文献研究的基础上,结合我国的文化因素和我国企业的实际情况,将组织的边界人员按其在组织中所处位置的不同划分为高层管理人员与中层销售/采购经理,分别研究高层管理人员间的人际关系与中层销售/采购经理间的人际关系对组织间关系的改善作用。同时,本书也引入跨界理论的分析视角,从边界人员的两项基本职能出发,通过分析进一步揭示出组织边界人员间的人际关系是通过促进组织在沟通、知识共享、冲突解决及合作方面的行为互动进而提高组织间关系质量的。在现有研究中,对组织边界人员的研究多关注高层管理人员间的人际关系对组织间关系的直接作用,忽略了对同样是组织边界人员的中层销售/采购经理的关注,以及中层销售/采购经理间的人际关系到组织间关系具体影响路径的研究。事实上,中层销售/采购经理间的人际关系同样对组织间关系具有正向的改善作用,并且其具体的作用机制及影响效力与高层管理人员间的人际关系是有区别的,研究高层管理人员间的人际关系与中层销售/采购经理间的人际关系的联合作用及比较二者的作用效果差异,有助于更加全面地了解人际关系在组织交易中的重要作用。

在实证研究方面,本书以我国家电行业的制造商-分销商的一对一关系为研究对象,通过问卷调查法获得数据,并采用结构方程模型的数据处理方法对提出的概念模型和假设进行了验证。具体验证的内容如下:验证了组织间的沟通、知识共享、冲突解决及合作行为在人际关系与组织间关系联系中的中介作用;验证了当不同级别边界人员间的人际关系同时存在时,它们对组织间行为互动促进作用的互补作用;比较了不同级别边界人员间的人际关系对组织间行为互动促进作用的相对作用的大小。

1.2.2 研究思路

本书的研究思路如下。

首先,本书回顾和梳理了现有文献中有关组织边界人员间的人际关系、组织间行为互动、组织间关系质量及跨界理论的相关研究成果,试图了解在研究人际关系与组织间关系的联系方面现有研究采用的主要方式、进行的深度、涉及的范围,以及跨界理论的主要观点、适用范围和发展现状,进而在此基础上找出跨界理论与本书的结合点,分析现有研究的不足和能够进一步深入与改进的切入点,科学、系统地对本书的思路和方法做出设计。通过对边界人员间的人际关系文献的梳理,本书发现,根据边界人员的定义,组织的边界人员既可以是高层管理人员,又可以是中层销售/采购经理。但现有研究多关注组织高层管理人员间的人际关系的作用,忽视了同样作为组织边界人员的中层销售/采购经理间的人际关系对组织经济活动的影响,当然也没有探讨当不同级别边界人员间的人际关系同时存在时,它们对组织间关系的影响作用是互补还是替代的关系。通过对有关人际关系与组织间关系的微-宏观联系研究文献的整理,本书发现,虽然在人际关系对组织间关系影响的方向上存在一定的分歧(既有正向影响,又有负向影响),但不论是哪种观点,绝大部分都只关注了人际关系对组织间关系影响的直接作用,而对其中的具体作用机制及是否存在并存在哪些中介变量的研究不足。所以,提出一个整合的框架来综合性地研究这些问题是十分有必要的。基于跨界理论的分析视角,边界人员作为组织的代表,通过在组织边界进行各种行为互动将组织与其他组织联系起来，保障组织与外部环境（外部组织）的资源交换与业务互动顺利进行，并通过树立良好的组织形象与权威确保组织免受外部破坏势力的干扰。由此可见，边界人员的跨界行为在人际关系与组织间关系的联系上起着举足轻重的作用。基于以上思路，本书提出了本书的主要目的和内容：从跨界理论的分析视角出发，探讨组织边界人员间的人际关系对组织间关系影响的具体路径和作用机制，并进一步研究不同级别边界人员间的人际关系对组织间关系影响作用的联合作用和单独作用的相对大小。

其次，本书按照社会学中访谈法的具体要求和步骤，在西安、北京、郑州和深圳等地一共展开了 11 次访谈，有 7 家制造商的渠道管理者和 4 家分销商的经理人员接受了访谈，访谈时间为 30~45 分钟。访谈主要针对制造商和分销商之间的关系，要求被访谈者详细描述在双方的交易过程中，边界人员间的人际关系，组织在沟通、知识共享、冲突解决及合作方面的行为互动，组织间关系质量的具体表现形式，以及这些构件之间的关系。在访谈结果的基础上，结合前期文献梳理的内容，基于跨界理论，本书构建了反映组织边界人员间的人际关系到组织间关系的概念模型，并提出了假设。

为了验证概念模型和假设，本书采用问卷调查法搜集数据。首先，根据已有的理论研究设计了相关构件的测量量表，整理成调查问卷；其次，进行企业访谈与预调查，根据反馈结果对问卷进行修改；再次，以我国家电行业的制造商-分销商的一对一关系为研究对象，展开了大规模的问卷调查，一共收回 225 份有效问卷；最后，根据实证研究的具体步骤和研究，对数据进行初步处理、信度与效度分析，并利用结构方程模型对本书提出的概念模型和假设进行了检验，结果总体上支持了概念模型和假设。

最后，本书根据理论推理与实证研究的结果，总结了本书的理论与实践意义，归纳了本书的创新点与局限性，并在此基础上为未来的研究指出了方向。

1.2.3 研究方法

本书综合采用了多种研究方法，主要包括文献综述法、问卷调查法、实证研究法。

首先，本书通过搜集大量国内外相关的文献，对相关研究问题的现状和发展脉络进行梳理，归纳出现有研究的发展现状、主要观点、存在的问题和不足，进而在前人研究的基础上，结合我国企业的具体实践，提出本书的研究问题、理论视角、研究对象等，并构建相应的分析框架、理论模型及假设。

其次，本书采用问卷调查法获得分析数据。在问卷调查过程中，本书严格按照问卷设计的标准步骤，对问卷中的测量指标，可以借鉴现有成熟量表的测量指标（与本书中相关构件的内涵一致）的，借用现有的测量指标，不能借鉴现有成熟量表的测量指标的，结合文献综述与企业访谈，开发新的测量指标，并对其进行编码、排序和汇总。在发放问卷之前，进行企业访谈与预调查工作，根据反馈意见对相关测量指标进行修改，以保证问卷内容符合企业的具体实践。随后，采用多轮发放和提醒的方式进行问卷发放和回收，以确保较高的问卷回收率。对回收的问卷进行样本无偏性和代表性检验、关键信息员资格审查及普通方法误差检验，以确保问卷的有效性。最后，将问卷中的数据录入数据库，对所有数据进行测量指标净化、默认值替代、信度与效度分析，为后续的数据检验提供高质量的数据。

最后，采用结构方程模型的数据分析方法对概念模型和假设进行检验。在检验过程中，按照结构方程模型的操作规则和一般顺序逐步进行，以确保结果的正确性。

1.3　研究内容与框架

1.3.1　研究内容

本书以我国家电行业的制造商-分销商的一对一关系为研究对象，主要的研究内容有以下3项。

（1）组织边界人员间的人际关系是否通过促进组织在沟通、知识共享、冲突解决及合作方面的行为互动进而提高组织间关系质量（即证明沟通、知识共享、冲突解决及合作在人际关系与组织间关系联系中的中介效应）。

（2）当不同级别边界人员间的人际关系同时存在时，二者对组织在沟通、知识共享、冲突解决及合作方面的行为互动的促进作用是互补还是替代的关系。

（3）比较不同级别边界人员间的人际关系对组织在沟通、知识共享、冲突解决及合作方面的行为互动促进作用的相对大小。

1.3.2　研究框架

针对研究目的及内容，本书分6章展开介绍，各章的内容简要叙述如下。

第1章　引言。阐述研究的实践与理论背景及意义，提出研究的目的、思路和方法，确定研究的内容及框架。

第2章　理论与学术背景。对人际关系、沟通、知识共享、冲突解决、合作、组织间关系质量，以及跨界理论的相关研究和理论发展进行系统的回顾和总结，重点挖掘相关研究的现状、主要结论及存在的问题，找出进一步研究的切入点，构建本书的研究框架。

第3章　概念模型与假设。在第2章文献综述的基础上，研究组织在沟通、知识共享、冲突解决及合作方面的行为互动在边界人员间的人际关系与组织间关系质量联系中的中介作用，探索不同级别边界人员间的人际关系对组织在沟通、知识共享、冲突解决及合作方面的行为互动的联合作用和相对作用的大小。通过上述各种研究设想构建相应的概念模型并提出假设。

第4章　研究方法。介绍本书采用的各种研究方法，重点介绍实证研究的实施过程。主要内容包括：本书采用的结构方程模型方法的基本原理、涉及的内容与操作步骤；问卷设计的原则和过程、问卷发放、数据回收、无偏性检验、数据的基本特征描述；测量指标的选择原则、各构件的测量指标及其选择依据；假设检验涉及的数据分析方法、步骤等。

第5章　数据检验。对问卷获得的数据进行初步处理（数据排序、默认值替代、测量指标净化），对使用的构件进行信度与效度分析（内容效度、收敛效度、判别效度），对数据进行描述性统计分析，最后利用结构方程模型对数据进行分析，检验概念模型和假设，并报告检验的结果。

第6章　结论与启示。总结研究获得的主要结论和创新点，根据实证研究的结果重点阐述研究结论对理论研究和管理实践方面的贡献、指导作用及意义，归纳研究的局限性,并指出未来的研究可进一步深入与改进的方向。

本书的研究内容与框架如图 1-1 所示。

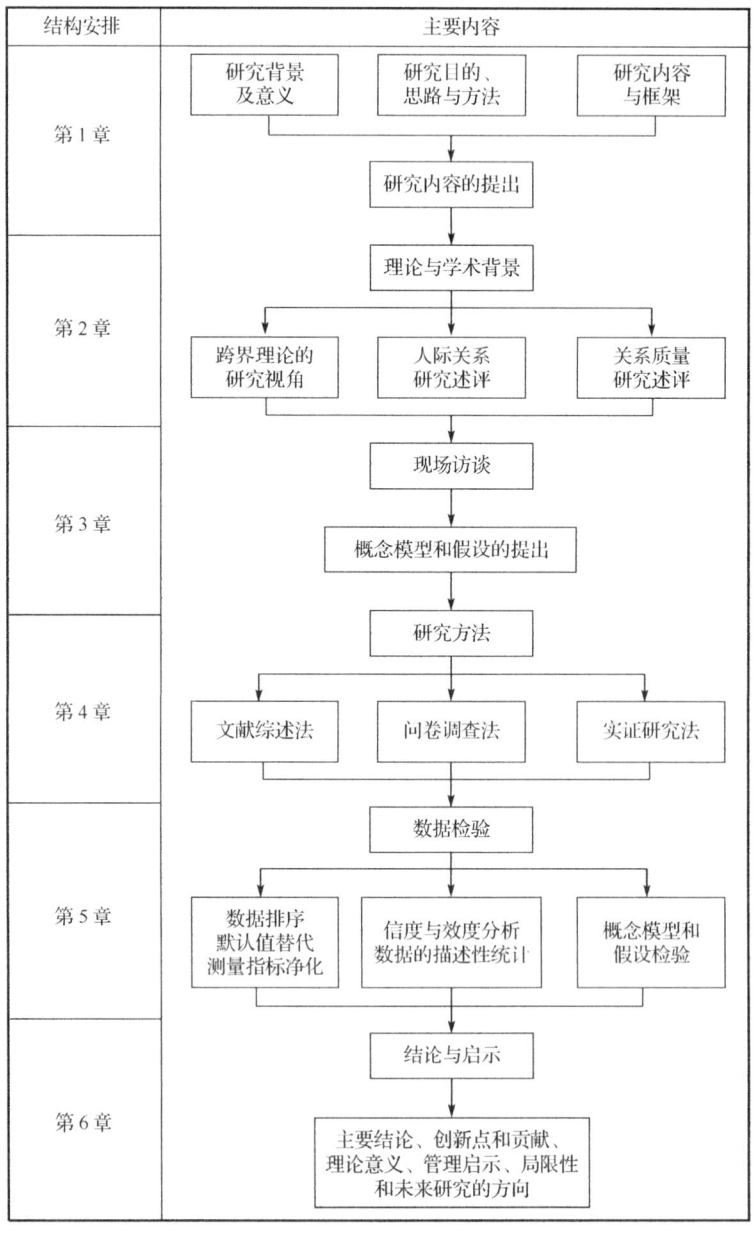

图 1-1 本书的研究内容与框架

第 2 章

理论与学术背景

基于第 1 章提出的几个研究问题,本章对跨界理论、跨界角色、人际关系及组织间关系质量的理论文献和相关研究进行系统的回顾、梳理、总结和对比,为本书的概念模型和假设的提出奠定坚实的基础。

2.1　跨界理论的分析视角

当人际关系被引入组织间商业经济的研究中时,人际关系往往特指组织边界人员间的私人关系与友谊。边界人员作为组织的关键代表,在组织边界进行着各种活动,从而将两个或更多个因制度、位置或功能差异而独立起来的组织联系在一起。这些活动一方面保障组织与外部环境(外部组织)的资源交换与业务互动顺利进行;另一方面也通过树立良好的组织形象与权威确保组织免受外部破坏势力的干扰。跨界理论是研究边界人员的日常活动及其对组织活动的影响的理论,跨界理论重视边界人员的日常工作及其在建立、维护组织间关系中扮演的角色。因此,采用跨界理论来探索人际关系与组织间关系之间的微-宏观联系是一个很好的理论切入点和分析视角。

2.1.1 跨界理论

组织边界是组织具有标志性的重要特征,是一个组织系统区别于另一个组织系统的界线或区域范围,组织边界保护系统内部的成员免受外部环境的影响,并调节组织与外部环境间信息、原材料及人员的输入与输出。在组织无法完全自我满足生存发展所需的全部资源,以及组织间的联系日益紧密的客观事实下,组织必须打破边界的隔膜,与外部环境或其他组织进行联系。此时,组织的跨界行为(Boundary Spanning Activities)就扮演了重要的角色,它将组织系统与外部环境或其他组织联系起来。跨界理论是探讨组织跨界角色(Boundary Spanning Roles)及组织结构(Organizational Structure)的理论学说,具体来说,它关注的内容主要有跨界团体的构成、跨界角色的职能和跨界角色的动态变化。

1. 跨界团体的构成

组织的跨界团体是由处于组织边界的人员构成的,这些人员被称为组织的边界人员。边界人员是组织的关键代表,在组织边界进行着各种活动,这些活动将两个或更多个因制度、位置或功能差异而独立起来的组织联系在一起。边界人员的这些活动帮助组织边界实现了自己的角色,将组织与外部环境联系起来。

2. 跨界角色的职能

根据跨界理论,跨界角色的职能可分为两项:信息处理(Information Processing)与外部代表(External Representation)。

组织目标的实现要有必要的信息来支撑,组织所处的环境被认为是组织获得信息的最佳途径。然而,组织所处的环境中存在的潜在相关信息量是巨大的,并不是所有信息都是组织需要的,一味地将全部外部信息都吸收进组织,将会造成组织信息过载和组织资源浪费。因此,跨界角色的信息处理的职能是十分必要的。在发挥信息处理职能时,首先,边界人员与外部组织接触,建立与外部组织良好的信息流通界面,及时从外部组织中捕捉各类原始信息(如战略信息、管理信息、流程信息、技术信息、市场信息等);其次,边界人员根据组织内、外部不同的信息编码方式,对获取的原始信息进行解码、过滤、储存、加工,并将原始信息转换成组织内部可以识别和利用的形式;最后,边界人员与组织内部人员建立信息输送界面,将处理后的信息传递给相应的组织内部使用者,同时,边界人员也将从组织内部获得的适当信息扩散到外部组织中去。

当组织从环境中获取有用的信息时,环境中的一些客观限制和突发事件会对组织产生影响,组织要采取适当的措施恰当应对这些外部势力,这就需要跨界角色发挥其另一项职能——外部代表。外部代表职能包含的内容有获取与清理资源、建立与改善组织的政策合法性与势力范围、维护组织的社会合法性与组织形象。获取与清理资源包括组织采购代理、营销代表、人事招聘及货运代理人员的工作,这些工作帮助组织完成资源与原材料的吞吐,以及与交易伙伴所交易物品所有权的转让;建立与改善组织的政策合法性与势力范围不仅代表了组织,还改善了组织与重要的外部组织之间的关系,如通过协商和谈判处理与其他组织之间的问题与纠纷、通过建立组织的规章制度明确组织在经济交易中的权利与责任;维护组织的社会合法性与组织形象是指相比于关注组织的经济交易,更重要的是确保组织的外部可见性,当组织具有一定的社会合法性和地位时,组织往往可以通过其影响力直接改变目标受众的态度与行为,而不需要采取议价或谈判的形式,广告宣传和参加公共团体都是维护组织的社会合法性与组织形象较常采用的方法。

3. 跨界角色的动态变化

虽然所有组织都具有跨界角色,但这些角色在不同的组织中的地位是各不相同的,有些组织会设计大量的跨界角色,而有些组织仅设置了少量的跨界角色;有些组织的跨界角色要全天候发挥其职能,而有些组织的跨界角色仅在个别时间段发挥其职能,这是因为跨界角色的产生和形式会受到组织的规模、技术水平及各种环境因素的影响。

组织正式指定的跨界角色的数量部分取决于组织的规模。规模较小的组织依赖仅有少量职能与角色划分的相对较简单的组织结构也能够生存。其组织结构的正规程度较低,可修复性较强,因此较容易与其所处的环境建立满意的组织-环境关系。这些组织在获取信息时,不一定必须发挥跨界角色的信息处理职能,其仅依靠自身成员个人非正式的信息搜集行为就可以满足自身对信息的需求,因此其对跨界角色的需求很低。与此相反,当组织的规模较大时,组织对跨界角色的需求就会较大。

环境因素解释了跨界角色设置差异的大部分原因。首先,当环境中重要的基础资源分布十分集中时,组织必须通过特定的途径才能获得所需的资源,组织对跨界角色的需求就大;而在基础资源分布较为广泛且均衡的环境中,组织需要少量的跨界角色就能获得所需的资源,组织对跨界角色的需求就少。其次,当环境的异质性较高时,组织需要对更多的环境因素进行识别、归类并为每一类环境因素设计应对结构,因此处于异质性较高的环境中的组织与处于同质性较高的环境中的组织相比,处于异质性较高的环境中的组织对跨界角色的需求更大。再次,当环境较为稳定时,组织只需进行少量的监督活动就能掌握环境的状况,与环境较动荡时相比,组织对跨界角色的需求较低。最后,当环境中的资源较为丰富时,组织的搜寻和监督活动对组织生存的重要性降低,组织不需太多的跨界行为就能获得生存所需的资源,组织对跨界角色的需求较低;相反,当环境中的资源较为贫乏时,组织获取资源的难度加大,组织之间的资源竞争也会加剧,组织必须通过大量的跨界行为来获得自身生存与发展所需的资源,组织对跨界角色的需求就大。

2.1.2 跨界理论对人际关系与组织间关系的连接

跨界理论认为,边界人员是通过在组织边界进行各种活动将两个或更多个因制度、位置或功能差异而独立起来的组织联系在一起的。根据跨界理论,边界人员发挥两项基本职能(实施两种跨界行为):信息处理和外部代表。

在发挥信息处理职能时,首先,边界人员与外部组织接触,建立与外部组织良好的信息流通界面,及时从外部组织中捕捉各类原始信息(如战略信息、管理信息、流程信息、技术信息、市场信息等);其次,边界人员根据组织内、外部不同的信息编码方式,对获取的原始信息进行解码、过滤、储存、加工,并将原始信息转换成组织内部可以识别和利用的形式;最后,边界人员与组织内部人员建立信息输送界面,将处理后的信息传递给相应的组织内部使用者,同时,边界人员也将从组织内部获得的适当信息扩散到外部组织中去。在这个过程中,边界人员作为一个桥梁,通过与组织内部和外部组织同时建立友好的信息输送界面将组织内部和外部组织联系在一起,搭建了组织内部与外部组织之间信息流动的通道。此外,边界人员还通过对组织内、外部不同信息编码方式的掌握,以及在组织边界对外部信息形式的转换,确保外部信息有效穿过组织边界,顺利进入组织内部。有了组织间边界人员的这些行为,组织间信息流动的边界隔膜被打破,外部组织的相关信息可以到达组织内部,组织内部的信息也可以扩散到外部组织中,各类有价值的商业信息在组织间及时流动,从而促进组织之间的沟通。同样,边界人员在组织外部也会捕捉一定的知识,组织在自身运作过程中也会产生新的知识,随着边界人员间交流的深入,知识会伴随边界人员的信息处理行为在组织内部与外部组织之间实时互换,组织间的知识共享也随之产生。

在发挥外部代表职能时,边界人员将组织的政策方针和环境限制相结合,代表组织与交易伙伴进行协商、谈判,将组织内部关于特定问题的感知、期望和想法传达给交易伙伴;同时,边界人员也与重要的外部资源拥有者和利益相关者取得联系,传达组织对资源需求的意向、对双方协作行为的期望和对共同目标设定的意图。通过边界人员的这些行为,组织之间建立起了良好的问题解决机制,当冲突出现时,双方组织的代表就会进行接触,相互传达各自组织对冲突的态度、解决意向及支持各自观点的依据,这样,双方组织就能充分了解并考虑对方的利益和担忧,力求通过合理劝说与协商共同解决冲突。这种问题解决机制的建立有利于促进组织之间的冲突解决。同样,通过边界人员的这些行为,组织也能够与重要的外部资源拥有者取得联系,相互提供对方需要的有价值的资源,实现双方的资源互补与整合,并在此基础上设定相同的组织目标,引导组织间协作行为的产生,最终形成组织之间的合作。因此,本书从理论上推论出,边界人员间的人际关系是通过促进组织在沟通、知识共享、冲突解决及合作方面的行为互动进而提高组织间关系质量的。

2.2 人际关系研究述评

随着中国经济总量的持续增大,以及中国与世界各国经济联系的日益紧密,中国在世界经济网络中的地位越来越重要，中国的话语权也越来越大。为了更好地与中国开展经济活动，国际社会逐渐开始重视对中国经济行为规则和经济现象的分析与学术研究。研究发现，与西方社会经济活动中的交易主导，交易产生关系不同的是，在中国社会中，人际关系占据主导地位，在很大程度上是关系产生交易，培育良好的人际关系是在中国社会进行经济往来不可或缺的前提条件。因此，人际关系一直是研究中国经济现象时关注的焦点问题。

在中国情境下，"关系"（Guanxi）一词由两个汉字组成，"关"表示门槛或障碍，"系"代表纽带或联系，"关系"合起来就意味着打破门槛取得联系。由于其独特的内涵和表现形式，关系不完全等同于西方传统意义上的人际关系，因此很多文献保留了其汉语拼音的形式。下文从人际关系的内涵、类型、在组织经济交易中的作用、形成条件与培养因素方面回顾相关的理论与实证研究，并对相关研究进行归纳梳理，指出现有研究存在的不足。

2.2.1　人际关系的内涵

人际关系的概念最早起源于人类学和社会学。从20世纪70年代起，人际关系开始被引入商业经济的研究中，并在接下来的几十年里受到越来越多组织研究者的重视。人际关系在不同的理论发展阶段被不同的研究视角赋予了不同的内涵，并且这些内涵因社会文化因素的不同而略有差异。从总体上说，人际关系的内涵可以从以下3个角度来界定。

1. 人际关系产生的基础

在人际关系概念发展的早期，其内涵多是从人类学和社会学角度进行界定的。此时，人们将人际关系视为一种较低层次的社会关系，即基于日常生活而产生的人与人之间的直接联系或互动，这种联系没有固定的形式和要求，并随着人们日常活动的改变而变化。例如，西方一些学者以挖掘人际关系产生的基础为目的，将人际关系看作个人之间基于某种关联基础而产生的实际性的联系或特殊关系。这些关联基础既包括家庭关系、社会关系，又包括社交活动和商业往来。

在我国，人际关系更是深深植根于社会文化当中。例如，我国著名的人类学家和社会学家费孝通先生在其研究中指出，与美国社会基于普遍主义原则与资格的志愿联系的社会组织形式不同，中国社会是由相同中心的关系网络组织起来的，在这个网络的轴线上，亲近的家庭成员在中心，而后根据距离的远近及相互信任的程度依次为远房亲属、同学、朋友和认识的人。在这一网络中，人们基于各种社会活动而产生的个人联系和社会纽带就是人际关系。

2．人际关系隐含的内容

在人际关系形成后，人们逐渐意识到这种基于某种关联基础的联系和纽带不仅表现为一种客观存在，其内在隐含的内容还会对人们的主观思想和日常活动产生影响，由此人们开始从人际关系的隐含内容来定义和研究人际关系。一些观点认为，人际关系是一种信任与承诺的联系。例如，有学者将人际关系描述为个人之间形成的持续不断的互惠和友谊。这种互惠和友谊是一种潜在的社会契约和规则，虽然无法明确呈现，但能够为关系各方获取利益和所需的资源提供便利，它一旦被违背，将使关系各方遭受损失。Lee 和 Dawes（2005）认为人际关系除了是一种社会联系，还代表了关系网中特殊的互惠和义务。Yang Meihui（1994）认为人际关系隐含在共同的兴趣和利益之中。Yeung 和 Tung（1996）认为人际关系包含 5 项基本的维度：功能性帮助、个人友谊、信任、互惠和长期性。Pearce 和 Robinson（2000）认为人际关系是人们在日常生活中表达情感、互换资源与交流业务的基础。

另一些观点认为，人际关系是一种权力与依赖的联系。例如，Hwang（1987）认为人际关系是一种社会等级关系，人们在人际关系互动中运用自己的权力控制他人以获得自身期望的社会资源。Xin 和 Pearce（1996）认为企业主管不断寻求外部联系并培养人际关系的原因之一就是要获得自身无法自给的资源和保护。Tsang（1998）认为只有当个人拥有的资源有价值、稀缺并无法复制时，个人之间的关系才能得到发展和持续。Wong 和 Chan（1999）认为培养人际关系是为了合并关系各方的资源以获得更强的技术与经验。Park 和 Luo Yadong（2001）认为人际关系是实用性的而非情感性的,其完全建立在利益交换而非情感联系的基础之上。

在中国,人际关系也隐含着具有我国文化特色的内容,如面子和人情。在中国社会中,面子是一种社会财富和个人地位的隐形表现形式,它受到个体的社会地位和物质财富的影响。当一个人具有很高的社会地位和很多的物质财富时,他的面子就大,人际关系网络就广,处于这个关系网络中的其他个体就会顾及他的面子,做任何事情都会以保留他的面子为前提。同样地,如果一个人想培养并扩大自己的人际关系网络,就十分有必要保持一定程度的面子;而如果一个人已经具有了很大的面子,他就有能力操纵自身关系网中的行为互动。人情是中国情境下的人际关系中隐含的另一项内容。它是一种特殊的社会资本形式,具有促使人们互换恩惠的作用。人情代表一种非正式的社会义务,是人们发展关系网络和利用关系网络为自己谋求利益的前提。举例来说,当甲方为乙方提供了某种帮助或施以了某种恩惠时,甲方就为乙方提供了人情,而乙方就亏欠甲方相应的人情,这种人情帮助甲、乙双方建立了人际关系,并促使乙方在适当的时候为甲方提供帮助或施以恩惠予以报答。由此可以看出,人情在本质上也体现了互惠的精神。

3. 人际关系对组织经济活动的影响

当人们发现人际关系中还隐含着其他内容时,人们开始重视人际关系对社会活动的影响,而当人际关系被引入商业经济的研究中时,有关人际关系对组织经济活动的影响成为人际关系研究关注的重点。在这一情境下,Adobor(2006)将人际关系定义为交易组织个体领导之间的人际联系。Mainela(2007)将人际关系定义为彼此熟知的个人之间建立起的人际联系,彼此熟知的个人通过开发共同的语言来顺畅互动。韩巍和席酉民(2001)认为人际关系是商业交往中的一个基础性变量,是一种简单的联系。综合来讲,在研究人际关系对组织经济活动的影响时,学者们将人际关系与研究情境相结合,对人际关系的主体进行了界定,将人际关系定义为交易组织的个体业务人员(边界人员)通过社会往来、业务互动而培养起来的亲密的私人的关系与友谊。

2.2.2 人际关系的类型

人际关系按照不同的分类标准可以分为不同的类型。由于本书关注的是人际关系在经济活动中的作用，因此本书只讨论人际关系在经济活动中的不同类型。例如，按人际关系中的情感强度，可将人际关系分为强联结（Strong Tie）关系与弱联结（Weak Tie）关系；按人际关系中信任的程度、互动的持续性，可将人际关系划分为市场性联结（Market Tie）关系和嵌入性联结（Embedded Tie）关系；按人际关系中个体的特性和相熟的程度，可将人际关系分为首要关系（First Cycle Relationship）与次要关系（Second Cycle Relationship）；按人际关系建立的基础是经济联系还是私人情感，可将人际关系分为角色关系（Role Relationship）和人际关系（Personal Relationship）；按关系另一方的身份及建立关系的目的，可将人际关系分为必要关系（Obligatory Relationship）、互惠关系（Reciprocal Relationship）和效用关系（Utilitarian Relationship）。下面分别阐述这些不同的类型。

1. 强联结关系与弱联结关系

Granovetter（1973，1983）认为人际关系可以按其强度进行分类，人际关系的强度取决于建立关系投入的时间、关系中的情感强度、亲密程度及互惠程度。强联结关系经历了较长时间的发展，包含强烈的情感承诺，交换中的互惠程度很高，通常是社会经济特征相似的个体之间发展起来的，以深厚的友谊为基础；与此相反，建立时间较短、情感不深、亲密与互惠程度不高的普通相熟人员之间（彼此之间的社会经济特征差异较大）的人际关系就属于弱联结关系。人际关系的强度体现了关系一方将自身关系网络中的其他个体与另一方连接起来的能力。举例来说，任选两个具有人际关系的个体 A 和 B，S={C,D,E⋯}代表他们的关系集合，其中既包含与个体 A 具有人际关系的个人，又包括与个体 B 具有人际关系的个人，A 与 B 之间的人际关系强度越大，S 中就有越多比例的个人可以同时与个体 A 和个体 B 建立起人际关系。虽然强联结关系对自身关系网络中的其他个人具有更强的连接能力，但是因为强联结关系内部个体间的社会经济特征相似度高，彼此熟悉的领域与掌握的信息、知识的相似度也较高，所以通常利用强联结关系获得的信息的重复性很高、创新性不强。相反，由于弱联结关系中的个体社会经济特征差异较大，不同个体的知识背景、信息渠道也各不相同，利用弱联结关系往往易于获得差异性较大的信息。引申到组织间关系的层面，通常也用双方交换的资源量、不同角色关系的数目及交易伙伴的不可替代程度来表示组织间关系的强度。

2. 市场性联结关系和嵌入性联结关系

市场性联结关系类似于经济文献中的长距离关系，此类关系中的互惠程度和重复性很低，它仅关注短期的经济利益，缺乏社会情感，完全是成本导向的；嵌入性联结关系则是一种亲近的人际关系，此类关系中的情感因素较多，信任和互惠程度很高，关系双方有着良好的隐性知识转移和共同问题解决的意愿和约定。

3. 首要关系与次要关系

Salmi 和 Backman（1990）在研究人际关系时将人际关系分为首要关系和次要关系。首要关系指个体与十分熟悉和信任的他人建立起的以友谊为基础的人际关系；次要关系指因业务互动、寻求帮助而建立与维持起来的人际关系，以及与那些与仅仅认识但信任程度不及首要关系的他人建立起的人际关系。

4. 角色关系和人际关系

个体作为经济组织的代表，按照组织对他的期望或正式契约规定的职责与其他个体互动，从而建立起来的人际关系称为角色关系。角色关系致力于组织的经济活动，是由组织处于执行合约特定位置上的个人发起的，角色关系中互动的主体并非真实的个人，而是不受个人情感影响的组织角色，因此角色关系很容易因个人职位的变动从一个个体转移到另一个个体身上。人际关系是由切实的人际交往和个人能力培养起来的，这种关系的建立和使用与切实的个人相关，因此通常无法在不同的个体间相互转移，人际关系中的各种互动除要完成基本的任务内容外，还受到社会控制机制，如个人信任、信心、公平交易、互惠及承诺的约束。

5. 必要关系、互惠关系和效用关系

家庭成员和亲属之间基于责任和义务建立的心理身份认知关系称为必要关系，这种关系中充满信任，其维系时间最长久，通常由血缘和婚姻来维系；同学、

校友、伙伴之间基于互惠而产生的良好互动关系称为互惠关系,这种关系中既有信任又有声望,其维系时间较为长久,通常存在于有共同背景或经历的人之间;而仅仅是相熟的个人之间基于功利而形成的寻租互动称为效用关系,这种关系中的信任较少,其维系时间短暂,形成的基础也更多样化。

除此之外,人际关系按照其形成主体的不同还有很多其他的类型,如家人关系、亲戚关系、朋友关系和生人关系;血缘关系和社会关系;帮助关系和寻租关系;家庭关系、助手关系、经济关系等。

综上所述,人际关系按照不同的分类标准可以划分为不同的类型,但这些类型并不是独立存在的,个体按照需求的不同可以同时与不同的人建立不同类型的人际关系。例如,个体在经济活动中处理交易时,多数与交易伙伴建立的是市场性联结关系,但也在那些数量较少、对组织绩效具有重要影响的方面与交易伙伴建立嵌入性联结关系,虽然市场性联结关系在数量上远远大于嵌入性联结关系,但这些市场性联结关系对组织成功和组织经济绩效的重要性都很小。

2.2.3 人际关系在组织经济交易中的作用

人际关系在组织经济交易中的作用一直是组织研究者关注的核心问题。现有研究关于这一问题有两种不同的观点:一种观点认为人际关系对组织经济交易具有正向作用;另一种观点则认为人际关系对组织经济交易具有负向作用。下面具体阐述这两种不同观点的主要内容。

1. 人际关系对组织经济交易的正向作用

根据人际关系的内涵,人际关系对组织经济交易的正向作用主要表现为两种形式:一是人际关系作为一种资源和情感的获得方式,在确立和维护组织间关系时发挥的积极作用;二是人际关系作为一种非正式的控制机制对组织经济交易的规范和约束作用。

1)人际关系对组织经济交易产生正向作用的理论根源

无论人际关系通过何种形式对组织经济交易产生正向作用,都无法找到一个整合的理论来全面解释其作用机制,因为其作用机制具有多种理论根源。下面分别从社会网络理论、嵌入理论、社会资本理论及制度理论的角度阐述人际关系对组织经济交易产生正向作用的机制。

（1）社会网络理论。

社会网络的概念最早是由一些社会学家在研究社会结构时提出来的，这些社会学家认为社会是由其内部个体间的所有社会关系构成的一个相对稳定的社会网络系统。个体是这个社会网络中的联结点，个体间的人际关系是社会网络中的一种客观存在，是不同个体彼此联结的纽带，社会网络中的不同信息与资源通过这些纽带在不同的个体间流动。因此，个体的关系网络是其在社会中获取资源的渠道，个体拥有关系的数量决定了个体在社会网络中的位置，个体所处的位置及个体在自身关系网络中的互动影响个体微观层面的资源获取与行为能力，从而进一步影响个体所属组织宏观层面的资源获取与行为能力，并进一步影响组织与其他组织之间的关系。

（2）嵌入理论。

嵌入理论是由 Granovetter（1985）在社会网络理论的基础上引申出来的，其核心思想为任何组织的经济交易都嵌入在其所处社会环境中的人际关系中，组织的经济交易是与其所处的社会环境中的人际关系交织在一起的，人际关系满足了组织从事经济交易对人际互动的要求，如构建经济交易的渠道、转移科技技术及创建权力结构，因而会对组织的经济行为和维持组织间关系提供帮助。

（3）社会资本理论。

社会资本的概念最早是由法国社会学家 Bourdieu 提出的。Coleman（1988）进一步对这一概念进行了界定，他指出，社会资本指个体拥有的以社会关系、结构联系为表现形式的资产，存在于个体的社会关系网络之中，个体拥有的社会关系网络的规模越大、异质性越强，其社会资本就越丰富，社会资本越丰富，其获取资源的能力就越强。但是，这种社会资本不表现为个体占有的形式，也不会在静态时产生效力，只有通过个体与个体之间直接或间接的关系互动才能表现出来。当个体间进行恰当的关系互动时，社会资本就会发挥效力，帮助个体获得更多的资源、技能和便利条件来完成组织的任务，提高组织的生产能力，扩展组织间的经济交易。

（4）制度理论。

制度理论是一种环境适应理论，它的主要思想是所有组织都生存在一定的制度环境当中（包括宏观的规范、价值、政治体系、认知与文化等），所有成员的行为都受到这些制度的约束，要与这些制度一致。一些学者认为制度理论过于悲观，只考虑了外部制度环境对组织的约束能力，而忽略了组织的主观能动性，贬低了组织对外部环境的影响和改造能力。人际关系作为一种社会规范和文化认知现象，其在经济交易中的作用可以很好地用制度理论来解释。例如，当外部环境对个体经济交易提供的制度保障较弱时，人际关系可以作为一种非正式的制度替代品，帮助组织获得适当的合法性，降低组织承受的外部制度压力，推进组织的经济交易顺利完成，当组织在国外不熟悉的制度环境中进行经济交易时这一点表现得更为显著。

2）人际关系在确立和维护组织间关系中发挥的正向作用

人际关系在确立和维护组织间关系中发挥的正向作用大致可以归为两大类：维持功能、危机处理与控制功能。

（1）维持功能。

在建立与维护组织间的交易关系时，组织需要对交易伙伴的能力、信誉进行初步的评估，人际关系为这些评估的进行提供了正式与非正式的社会价值与信息交流的机会，为组织验证交易伙伴的诚实性与可靠性提供了条件。

个体之间的接触与联系是正常的劝说与协商途径，通过适当的个体接触，双方能够有效地就各自的观点、想法进行交流，从而拉近双方的距离，更好地了解彼此在文化、教育、技术及经济方面的差异，更真实地感受对方的能力与需求，从而更愿意做出适应性的改变。

人际关系中隐含着充分的信任、尊重及友谊。这些正向情感促使组织愿意进行机密信息的交换，愿意向交易伙伴提供非正式的技术与市场信息反馈，从而推进双方隐性知识的共享。这些共享有利于组织产生新的想法和进行必要的改革，从而为组织开展新的业务、迎接新的挑战提供良好的基础。

（2）危机处理与控制功能。

当两个组织都与特定的第三方存在良好的人际关系时，双方可以通过第三方的推荐相互认识，建立新的交易关系，并且由于良好的人际关系的存在，当某个特定交易关系终结时，组织也不会感到自己被不公平对待和被侮辱；反之，当组织间的人际关系不好时，组织间的人际关系将会对已有的交易关系产生负面影响，甚至造成交易关系的终结。

人际关系可以促使交易双方在制度框架之外产生额外的信任，从而抑制交易双方不道德行为的发生。再者，当交易中出现的问题和冲突无法采用正式的渠道和方法来解决时，人际关系中存在的信任和非正式沟通途径可以代替规则和制度发挥作用，为解决问题和冲突提供便利和支持。

人际关系作为一种非正式的控制机制，具有3个方面的独特属性：首先，管理者在使用人际关系管理组织经济交易和组织间关系时，需要很好地平衡人情、面子及利益之间的关系；其次，人际关系具有一定的动态性，个人之间的关系与组织之间的关系具有一定的交互效应；最后，人际关系无法脱离关系网络而单独存在。

2. 人际关系对组织经济交易的负向作用

虽然人际关系对组织经济交易具有一定的正向作用，但过度依赖人际关系也将对组织经济交易产生一定的负面作用。例如，个人是组织经济交易的代表，他们代表组织签署经济协议、完成业务互动，然而在实际中，个人利益与组织利益往往是不一致的，过分注重个人及其关系网络将助长个人的私欲，使个人的行为不一定向着组织利益最优化的方向发展；使个人的自利与腐败行为增加；使组织碍于个人情面而不易终结组织间的不良联盟关系，从而增加组织间的代理与交易成本，对组织利益产生负面影响。

表2-1归纳了有关人际关系的作用的研究。

表 2-1 人际关系的作用的研究归纳

作者（年份）	研究情境	结果变量	主 要 结 论
Seabright、Levinthal 和 Fichman（1992）	实验设计	交易关系消亡	交易伙伴个体间的人际关系亲近度与双方的交易关系消亡负相关
Geletkanycz 和 Hambrick（1997）	食品及计算机企业	战略一致性	企业高层管理人员与行业内部其他企业的高层管理人员间的人际关系使自身的战略更符合行业的发展趋势；企业高层管理人员与其他行业企业的高层管理人员间的人际关系使自身战略的制定偏离行业的发展趋势
Luo Yadong 和 Chen Min（1997）	中国江苏的海外企业、国有企业	企业的会计账目 企业的市场绩效	人际关系与企业的会计账目与市场绩效正相关
Murry 和 Heide（1998）	制造商与零售商	参与项目的意愿 履行协议的意愿	制造商销售人员与零售商经理人员间的人际关系提高了零售商参与项目和履行协议的意愿
Peng Weigang 和 Luo Yadong（2000）	工业企业	企业绩效	高层管理人员与伙伴企业的高层管理人员间的人际关系与企业绩效正相关；高层管理人员与政府官员间的人际关系与企业绩效正相关
Standifird 和 Marshall（2000）	理论推导	交易成本	人际关系网可以克服因有限理性带来的环境与行为不确定产生的交易成本
		机会主义行为	人际关系网可以降低机会主义行为发生的可能性
Lee、Pae 和 Wong（2001）	中国香港在中国内地的企业及其交易伙伴	关系质量	企业与交易伙伴的人际关系与自身感知的双方的关系质量正相关
		相互依赖	企业与交易伙伴的人际关系与双方的相互依赖正相关
Park 和 Luo Yadong（2001）	多行业的企业	企业绩效	人际关系总体与企业绩效正相关
Wathne、Biong 和 Heide（2001）	商业银行与企业顾客	顾客流失	银行与顾客边界人员之间的人际关系越近，顾客流失越少
Chen Xiaoping 和 Chen Chao（2004）	模型开发	收益	人际关系能帮助组织获得更多的收益
		合作的质量	人际关系能提高组织间合作的质量
Chen Chao、Chen Yaru 和 Xin（2004）	中国企业	员工对组织管理的信任	人际关系的过多使用会降低员工对组织管理的信任

续表

作者（年份）	研究情境	结果变量	主 要 结 论
Lee 和 Dawes（2005）	渠道成员	采购商对供应商销售人员的信任	供应商与采购商间的人际关系中的情感因素与采购商对供应商销售人员的信任正相关
Anderson 和 Jap（2005）	渠道关系	腐败 盗用组织资金	过度重视人际关系会造成个体的行为脱离组织利益，导致个体腐败和盗用组织资金的行为发生
Adobor（2006）	联盟组织	联盟形成	人际关系会加速联盟形成的进程
		关系风险	人际关系会降低关系风险
		信任	人际关系会建立和强化成员间的信任
		联盟风险	人际关系会降低联盟风险
		利益冲突	人际关系会导致个体与联盟间的利益冲突
		联盟关系终结	人际关系使不良联盟关系不易终结
		代理成本	人际关系会增加联盟交易中的代理成本
		交易成本	人际关系会增加联盟交易中的交易成本
李垣、谢恩和廖修武（2006）	中国企业联盟	社会控制的重要性	人际关系与社会控制的重要性正相关
		正式控制的重要性	人际关系与正式控制的重要性负相关
Su Chenting、Mitchell 和 Sirgy（2007）	归纳总结现有研究	外部资源的使用权	企业拥有的有效人际关系越多，越能获得外部资源的使用权
Lee 和 Humphreys（2007）	供应链管理	战略采购	企业与其供应商之间的人际关系与该企业的战略采购正相关
		业务外包	企业与其供应商之间的人际关系与该企业的业务外包正相关
		供应商开发	企业与其供应商之间的人际关系与该企业的供应商开发正相关
Chen Yifeng 和 Tjosvold（2007）	美国在中国投资的企业	建设性辩论工作委派和晋升机会	中国员工与美国管理人员间的人际关系促进双方的建设性辩论，进而促进中国员工接受自己的工作委派、提高他们的晋升机会； 中国员工与中国管理人员间的人际关系促进双方的建设性辩论，进而促进中国员工接受自己的工作委派、提高他们的晋升机会
Li Juan、Poppo 和 Zhou Zheng（2008）	中-外制造企业联盟	企业的绩效	高层管理人员间的人际关系与本土企业的绩效正相关； 高层管理人员间的人际关系与海外企业的绩效呈倒 U 形的关系

续表

作者（年份）	研究情境	结果变量	主 要 结 论
Gu Fang、Hung Kineta 和 Tse Daivid（2008）	消费品行业的中国企业	品牌市场绩效 渠道能力 响应能力	企业的人际关系网直接与企业的品牌市场绩效正相关； 企业的人际关系网通过提高企业的渠道能力与企业的品牌市场绩效正相关； 企业的人际关系网通过提高企业的响应能力与企业的品牌市场绩效正相关
姚小涛和席酉民（2009）	中国某大型家电企业联盟	联盟合作关系	联盟企业间的人际关系与联盟企业的联盟合作关系正相关
Perks、Kahn 和 Zhang Cong（2009）	中国高科技企业	企业研发与市场集成	研发人员与市场人员间的人际关系与企业研发与市场集成正相关
		企业新产品开发的绩效	研发人员与市场人员间的人际关系与企业新产品开发的绩效正相关
刘婷、刘益和陶蕾（2009）	我国家电行业的制造商与分销商	合作强度	制造商与分销商之间的人际关系与双方的合作强度正相关
赵阳、刘益和张磊楠（2009）	战略联盟	知识共享	联盟成员间的人际关系与联盟成员间的知识共享正相关
Zhuang Guaijun、Xi Youmin 和 Tsang Alex（2010）	渠道成员	强制性权力 非强制性权力	在渠道中的二元交易关系中，当一方与另一方的边界人员间存在良好的人际关系时，一方更易使用非强制性权力，更不易使用强制性权力
		冲突强度	在渠道中的二元交易关系中，当一方与另一方的边界人员间存在良好的人际关系时，另一方感知到的来自一方的冲突强度更低
Wong Meiling（2010）	中国台湾在中国大陆的 ODI 企业案例研究	财务状况	企业人员的关系网与自身的财务状况正相关
		冲突解决	企业人员的关系网与自身的冲突解决正相关
		员工变动率	企业人员的关系网与自身的员工变动率负相关
		绩效	企业人员的关系网与自身的绩效正相关
Chen Xiaoyun 和 Wu Jie（2011）	中国企业	资源衔接能力 适应能力	企业与政府官员的人际关系与自身的资源衔接能力正相关 企业与业务伙伴的人际关系与自身的资源衔接能力及适应能力正相关

续表

作者（年份）	研究情境	结果变量	主 要 结 论
Li Juan 和 Sheng Shibin（2011）	中国企业	企业绩效	企业家导向的企业及新创企业的高层管理人员与交易伙伴高层管理人员间的人际关系对企业绩效的正向作用更为显著； 在需求不确定及技术较动荡的情况下，企业的高层管理人员与交易伙伴高层管理人员间的人际关系对企业绩效的正向作用不显著
Sheng Shibin、Zhou Zheng 和 Li Juan（2011）	中国企业	组织绩效	商业联结对组织绩效的促进作用大于政治联结对组织绩效的促进作用； 当法律环境不健全、技术快速变化时，商业联结在经济活动中更容易获益； 当政府支持力度弱、技术变化较慢时，政治联结在经济活动中更容易获益
Kawai（2012）	欧洲市场的日本制造企业	企业绩效	与本地企业的网络关系对绩效有正向影响作用； 成本领先、企业规模和股权结构对提高企业绩效具有重要作用
史会斌和吴金希（2013）	中国企业战略联盟	公平	人际关系能够增强企业在联盟中的整体公平、程序公平和分配公平； 高层人际关系对程序公平有更大的影响，员工人际关系对分配公平有更大的影响； 在不确定的环境下，人际关系对整体公平的影响都会增强
Zhai Qingguo、Lindorff 和 Cooper（2013）	中国企业	情感满意度 工作满意度	主管-下属关系与工作满意度显著正相关； 同事关系与工作满意度无显著的相关关系； 主管-下属关系在情感和工作满意度关系中起中介作用
Dong Chuoyan、Li Bingxin 和 Tse David（2013）	中国的外商企业与中资企业	企业绩效	渠道能力的价值取决于政治联结和商业联结； 商业联结阻碍了渠道能力对企业绩效的影响； 政治联结加强了渠道能力对企业绩效的影响
Zhou Zheng 等人（2014）	中国企业	营销能力 技术能力 企业绩效	随着时间的推移，政治联结的积极作用下降，而商业联结的积极作用持续存在； 随着市场的发展，营销能力与商业联结会对企业绩效产生协同的促进作用，技术能力与政治联结会对企业绩效产生协同的促进作用

续表

作者（年份）	研究情境	结果变量	主 要 结 论
Lam 等人（2015）	中国企业主管-下属关系	组织公民行为	工作不安全感和组织公民行为之间呈 U 形关系； 心理资本和主管-下属关系对上述 U 形关系有一定的调节作用
Yen Yufang、Tseng Jungfeng 和 Wang Hsingkuo（2015）	中国台湾的高科技企业	信任 知识共享	人际关系在个体层面上对信任和知识共享有正向影响； 信任对知识共享有正向影响，在关系对知识共享的影响中起部分中介作用
Yen Aiwan 和 Abosag（2016）	中美联盟关系	经济绩效 长期导向	人际关系调节信任与经济绩效之间的关系； 人际关系调节不确定性与长期导向之间的关系
Cai Shaohan、Jun Minjoon 和 Yang Zhinlin（2016）	中国手机行业的制造商-分销商	利益交换 冲突	环境动态性和相互依赖性显著影响边界人员之间的互动频率和人际关系的发展，进而影响企业间的利益交换和企业间的冲突
Zhu Wenting、Su Samuel 和 Shou Zhigang（2017）	中国建筑装饰材料经销商	企业绩效	在法律可执行性较弱的情况下，政治联结主要通过约束供应商的机会主义来促进企业绩效； 在需求不确定性较大时，适应性能力在经济联结和企业绩效之间具有较强的中介作用
杨粟英、彭遥和陆绍凯（2018）	中国建筑行业	结果控制结构 过程控制结构	人际关系中的感情对结果控制结构有促进作用，对过程控制结构有阻碍作用； 结果控制结构与过程控制结构之间有正相关关系
Jiang Feifei 等人（2018）	中国制造企业	企业绩效	商业联结与企业绩效正相关，政治联结与企业绩效呈倒 U 形关系； 商业联结和政治联结对企业绩效具有交互影响作用； 提高资源捆绑能力对政治联结与制造企业绩效的关系具有正向调节作用，而开拓性资源捆绑能力对二者的关系具有负向调节作用
Hemmert（2019）	韩国企业高校合作关系	合作研究的产出质量	在不同的企业高校合作研究类型中，大多存在人际关系； 组织间关系与企业高校合作研究的产出质量正相关，但人际关系与企业高校合作研究的产出质量无显著的影响关系

2.2.4 人际关系的形成条件与培养因素

现有研究从文化、组织特征、制度因素、战略导向、不确定性、交易双方的相似性等方面对人际关系的形成条件与培养因素进行了研究。

1. 文化

中国情境下的人际关系之所以不同于西方研究中的人际关系，是因为其包含了特定的中国文化因素。因此，研究中国文化在人际关系形成中发挥的作用具有很强的现实意义。Lin Lianghung（2011）就中国文化因素对人际关系的培养作用进行了研究。他指出，作为中国古代主流的意识流派，儒家思想对人际关系的建立具有正向的推动作用。儒家思想认为，在人与人进行社会交往时，首先要对双方的亲密程度和等级关系做出界定，差异化的亲密程度和等级关系决定了个人在不同关系中的角色，从而出现君臣、父子、夫妻、朋友等不同的人际关系，这些人际关系是社会存在和国家治理的根本。因此，儒家思想注重人际关系的建立，将关系视为一种最基本的文化逻辑。在众多的人际关系中，家庭成员之间的关系被视为中国社会中重要的关系，甚至有人将这种"家庭主义"视为中国文化重要的特征和中国组织建立的基础。

2. 组织特征

组织特性主要包括组织氛围、组织规模、组织寿命、组织的技术和管理方法这几个因素。

Tsui 和 Farh（1997）认为，人际关系客观反映了关系主体相似的背景与经历，以及他们之间独特的互动方式。由于组织氛围对个人的背景和行为具有一定的约束和影响作用，因此组织氛围对人际关系的建立也具有影响作用。在实践中，组织氛围因行业和交易的不同特征而呈现不同的形式。Lin Lianghung（2011）认为，在关心、辅助和依赖的组织氛围中，组织既关心自身的综合利益，又关心员工的个体利益，这些组织重视培养员工判断对错的能力，鼓励员工建立良好的人际关系来争取最大化的组织利益，因此这 3 种组织氛围对人际关系具有正面的作用。与此相反，当一个组织倾向于使用章程化的规则与制度规范员工的行为，将遵守规则凌驾于一切个人关心与帮助之上时，员工对人际关系的渴望程度也会降低，因此这样的组织氛围对人际关系具有负面的作用。

组织规模是决定组织行为和影响组织决策制定的重要特质。在中国社会中，很多大型企业是由计划经济时期的国有企业转型而来的，这些企业与政府有长期的联系，接受政府的支持较多，具有较强的谈判能力与市场地位，对人际关系的需求较低。相反，众多新创的小型企业受到政府的支持较少，受政策影响较大，与政府的谈判能力和市场地位都较低，这些企业需要培养恰当的人际关系为自己争取一定的利益。因此，在中国社会中，小型企业比大型企业更倾向于培养良好的人际关系。

组织寿命也是影响组织追求人际关系的重要因素。Park 和 Luo Yadong（2001）认为，相比于实力较强、市场地位较为稳固的老企业，新创企业更倾向于培养和利用人际关系。随着中国经济体制的逐渐转变，很多顺应市场经济需求的新创企业应运而生，这些新创企业比老企业更富有市场拓展精神，它们通常具有良好的激励体制和严格的财务预算，它们需要灵活地制定组织运作方式，更加积极地为自身的生存和发展获取足够的资源，因而更加倾向于培养和使用人际关系。

资源基础理论指出，有价值的、稀缺的、不可复制的资源是组织发展和持续性竞争优势的来源。组织的技术和管理方法对中国企业的人际关系追求具有显著的影响作用。当组织拥有先进的技术和管理方法时，组织就可以自我开发新的产品和流程以适应不断变化的市场需求，从而使自身对外部资源和人际关系的依赖程度降低。反之，当组织的技术不先进、管理方法不科学时，组织无法自我满足自身需要和市场需要，组织对外部资源和人际关系的需求提高。

3. 制度因素

组织的经济活动会受到组织所处制度框架的影响，因为特定的制度框架界定了组织可被接受和认可的行为范围，无论是组织的经济活动还是组织中个人的互动都必须在制度框架限定的范围之内。因此，制度因素也对人际关系的形成具有重要的影响作用，在中国情境下，主要的制度因素有企业的所有制类型和企业的地理位置两个。

按照所有权是否归国家,可以将中国的企业粗略划分为国有企业和非国有企业。在中国的经济环境下,各种经济政策的制定和稀缺资源的所有权都是归国家所有的,非国有企业与国有企业相比,其资源的充足性较低,往往因为缺少资源和政策支持而使自己处于高度的不确定性当中。为了扭转这种被动局势,非国有企业积极地与政府机构建立良好的人际关系,以期获得更多的资源和政策支持,以便更好地发展。因此,非国有企业比国有企业更倾向于建立人际关系。

Barney(1996)指出,有利的地理位置也是企业竞争优势的来源之一。我国在改革开放初期,采用了经济逐步发展,先发展地区带动后发展地区的经济政策,划分出一些经济特区。这些经济特区享有优惠的发展政策,如低成本的劳动力、税收优惠、原材料与技术引进可免税等。这些优惠的发展政策为这些经济特区争取了大量的外部投资,使其经济环境更趋市场化,此时,企业间的竞争较为激烈,企业间多保持一种距离较远的交易关系。与此相反,在经济欠发达地区,企业间的竞争强度较低,企业的集体主义思想较强,企业间更愿意进行合作并与政府机构保持良好的关系以弥补自身资源和政策上的不足。因此,经济欠发达地区的企业更愿意与商业团体和政府机构建立良好的人际关系。

4. **战略导向**

战略导向是引导组织行为与活动的植根于企业内部的做事原则、决策制定风格、管理理念和组织文化。战略导向有着众多的分类,但都可划归为是追求市场效率还是追求运作效率两大类。以市场效率为导向的企业不断寻求新的市场机会、不断尝试新的技术以便以最快的速度创新产品、抢占市场。采用这种导向的企业承受着高额的创新成本和失败风险,因此它们需要与市场进行交流以及时地洞察市场的变化和涌现的新机会,它们对人际关系有较高的需求。相反,以运作效率为导向的企业不追求新的机会和先进的技术,它们倾向于不断改良现有技术与流程使之日趋成熟以获得更高的运作效率,它们对人际关系的需求较低。

5. **不确定性**

当企业感到自身缺乏准确的信息、无法预计相关决策可能出现的后果、对自身决策缺乏信心时,企业就面临一定程度的决策不确定性。当决策的不确定性出现时,企业倾向于与彼此熟悉的亲近的交易伙伴进行交易,以便更多地获得信息,提高决策结果的可预计性和对自己所制定决策的信心。

当交易伙伴的机会主义行为出现时,企业的交易成本增加,交易关系中的信任降低,交易关系面临较大的不确定性。企业对交易关系的承诺减少,不愿意对交易关系进行物质与情感的投资。因此,机会主义行为会负向影响交易关系中人际关系的建立。

6. 交易双方的相似性

在集体主义的文化下,人们喜欢用感知到的相似性来区分群体内部人员和外部人员。一旦企业感知到交易伙伴与自身具有很高的相似性,企业就会将交易伙伴作为"自己人"对待,此时交易双方会有更多的交流、依赖、社交互动和利益互赠,从而培养起更好的人际关系。

7. 其他因素

除上述因素外,以往文献中还提及了其他一些影响人际关系建立的因素。

如果企业在自身的内部管理中喜欢使用关系导向的管理方法,那么它们在处理外部交易关系时也更喜欢与交易伙伴培养良好的人际关系。

Chen Xiaoping 和 Chen Chao(2004)在研究人际关系时提出了一个关系发展的三阶段模型,并指出人际关系产生的基础主要有 3 个:共同的社会身份,如同乡、同事、同学等;共同的第三方关系,即双方都与同一个第三方相熟,在第三方的介绍下建立人际关系;预期基础,即没有共同背景和第三方关系的个人之间通过不断发展和变化创造出新的关系建立基础。

Rodriguez 和 Wilson(2000)在研究国际战略联盟时指出,两个组织的结构关联程度越高,双方建立社会联系的机会也越大。

表 2-2 归纳了有关人际关系的前因变量的研究。

表2-2 人际关系前因变量的研究归纳

作者（年份）	研究情境	前因变量	主 要 结 论
Rodriguez和Wilson（2000）	美国-墨西哥战略联盟	结构关联度	组织的结构关联度与组织间的人际关系正相关
Lee Dongjin、Pae Jue和Wong（2001）	中国香港在内陆的企业及其伙伴	决策制定的不确定性	决策制定的不确定性与人际关系正相关
		伙伴的机会主义行为	伙伴的机会主义行为与双方的人际关系负相关
		预期相似性	预期相似性与人际关系正相关
Park和Luo Yadong（2001）	中国企业	所有制类型	非国有企业更易建立人际关系
		地理位置	不发达地区的企业更易建立人际关系
		战略导向	市场导向的企业更易建立人际关系
		企业规模	小规模企业更易建立人际关系
		技术与管理资源	技术与管理资源较差的企业更易建立人际关系
		企业寿命	新创企业更易建立人际关系
Chen Xiaoping和Chen Chao（2004）	文献回顾	共同的社会身份	共同的社会身份促进人际关系
		共同的第三方关系	共同的第三方关系促进人际关系
		预期基础	预期基础促进人际关系
Su Chenting、Mitchell和Sirgy（2007）	理论推导	内部管理关系导向	内部管理关系导向与企业外部人际关系的建立正相关
Lin Lianghung（2011）	中国企业案例+实证	儒家思想	儒家思想促进人际关系的建立
		组织氛围（关心、辅助、依赖、规则、制度）	组织氛围影响人际关系的建立；关心、辅助、依赖的组织氛围正向影响人际关系的建立；规则、制度的组织氛围负向影响人际关系的建立

2.2.5 人际关系的研究小结

通过对现有人际关系相关研究的回顾，可以发现以下几个问题。

首先，人际关系从其初始概念出现到如今被广泛运用到组织经济交易的研究中，其内涵在不断地发生变化。从总体上说，如今的人际关系包含的内容既包括人际关系产生的基础,又包括人际关系隐含的内容及其对组织经济活动的影响。

其次,现有研究深入地挖掘了人际关系的形成条件,包括文化因素(儒家思想)、组织特征(组织氛围、组织规模、组织寿命、组织的技术和管理方法)、制度因素(企业的所有制结构和地理位置)、战略导向、不确定性(决策制定的不确定性、交易伙伴的机会主义行为)、交易双方的相似性及其他因素。了解人际关系的这些形成条件对组织恰当制定战略、有效培养人际关系具有一定的指导意义。

最后,社会网络理论、社会资本理论及嵌入理论的思想都指出人际关系提高了组织在经济交易中获取资源和政策支持的能力、拉近了组织间的距离、促进了组织妥善解决冲突和矛盾,因此对组织经济交易具有正向的推动作用。现有人际关系的实证研究有力地证实了这一观点,相关研究结果也显示出人际关系能有效提高组织的经济绩效、促进组织间的知识共享、提高组织间的合作与关系质量、减少机会主义行为等。但是,人际关系毕竟是不同于组织间正式经济关系的一种非正式交流渠道,其在经济活动中的作用也不完全是正向的,组织在经济交易中过分注重人际关系和私人情感,也会造成个人利益与组织利益相冲突、不良的交易关系因个人情面而难以终结、高额的交易成本与代理成本等负面效应。因此,经济交易中的人际关系是一把双刃剑,组织在使用它时要恰当地把握使用时机和程度,使其在正向作用方面最大化地为组织经济交易出力,并妥善规避人际关系可能带来的负面影响。

2.3　关系质量研究述评

当传统营销理论在激烈的市场竞争面前呈现诸多缺陷,难以适应新经济环境的客观现实时,新的营销思想——关系营销逐渐发展起来。关系营销的核心思想是识别、建立、维护和巩固企业与顾客及其他利益相关者关系的活动,并通过企业的努力,以诚实的交换和履行承诺的方式,使活动涉及的各方面的目标在关系营销活动中得以实现。从这一思想中可以看出,关系营销主张不仅要争取顾客和创造交易，还要促使交易双方建立相互信任与依赖的良好关系。组织间的良好关系不仅可以提高组织的竞争实力，拓展交易双方的合作深度，还可以降低交易中的冲突水平，加快交易双方的创新与市场扩张进度。因此，越来越多的理论研究者和经济从业者开始重视对组织间关系培养的研究与实践。在众多的组织间关系描述变量中，关系质量是对组织间关系描述最为全面且已被使用最多的变量。

下面从关系质量的内涵、前因变量及在交易关系中发挥的作用等方面回顾关系质量的相关理论与实证研究，并进行恰当的综述。

2.3.1 关系质量的内涵

关系质量是关系营销领域研究的核心问题，在组织间的二元交易关系下，关系质量反映了交易双方对特定交易关系中互不相同但彼此联系的各个方面的评价，包括关系的强度、亲密程度、整体氛围，以及交易伙伴的需求和愿望在多大程度上被满足等。由于关系质量是对交易氛围的一种描述，因此现有文献对关系质量明确的定义很少，大多数情况下学者是从不同的研究视角给出自己对关系质量的理解的。

从个人的研究视角，Crosby、Evans 和 Cowles（1990）在研究保险服务业时，将关系质量定义为顾客信任保险推销员的正直，因为他过去的表现令人满意而对他未来的表现很有信心。Kim 和 Cha（2002）认为关系质量是顾客对感知的服务提供者的交流和行为（如尊敬、礼貌、热情和有用性等）的评价，包括顾客和员工之间相互作用的感觉和情感。Jarvelin 和 Lehtinen（1996）将关系质量视为一种顾客感知，即顾客对关系如何满足期望、目的等的体会。Huntley（2006）在组织情景下，从顾客的角度将关系质量定义为顾客随着时间对产品质量、服务质量与代价和收益相比所体现的整体关系的满意程度，以及组织之间关系的功能的实现程度。Hennig-Thurau 和 Klee（1997）认为关系质量和产品质量的概念相似，关系质量是因关系满足顾客需求而受到顾客对此关系的认可程度。

从商业交易的研究视角，Smith（1998）提出关系质量是对关系强度，以及基于成功或失败历史，关系双方的需求和期望被满足程度的整体评价。Johnson（1999）将关系质量简单地视为企业间关系的整体深度和氛围。Woo 和 Ennew

（2004）指出关系质量是对关系属性的总体评价，而不是关系如何发展的评价。Levitt（1986）认为关系质量是一种无形的价值，它增强了产品或服务的价值，并引发了买卖双方间的期望交易。

现有研究对关系质量的定义没有统一的认识，同样地，关于关系质量的一阶构件现有研究也没有统一的认识。例如，Gummesson 等人（1987）将关系质量划分为两个维度：专业关系和社会关系。专业关系基于服务提供商的能力；而社会关系以服务提供商与顾客的社会交互作用的有效性为基础。Rauyruen、Miller 和 Barrett（2007）认为产品与服务质量是关系质量的两个维度。Kumar 等人（1995）将冲突、信任、承诺、关系投资意愿和对关系持续的期望看成关系质量的一阶构件。Johnson（1999）将信任、公平和机会主义不存在作为关系质量的重要构成因素。Dorsh 等人（1998）认为关系质量包含信任、满意、承诺、机会主义最小化及道德姿态。Naude 和 Buttle（2000）认为关系质量体现在信任与权力的整合、需求的相互了解和收益方面。Lang 和 Colgate（2003）将关系质量细化为承诺、信任、满意、社会联结和冲突。Roberts、Varki 和 Brodie（2003）认为关系质量的构建包含信任、承诺、满意和冲突。Hennig-Thurau、Gwinner 和 Gremler（2002）认为满意和承诺是关系质量的关键维度。

在众多观点中，较有代表性的是 Morgan 和 Hunt（1994）的观点，他们基于关系营销的主导思想提出了以关系维持为核心的承诺-信任理论模型。该模型认为信任和承诺是交易双方对参加某一交易关系正向的情感反映和愿意为交易双方关系的长期发展自觉履行义务的态度表示，可以有效减少交易双方的短期行为，促使交易双方谨慎对待高风险行为，有利于保持长期合作关系并准确预测交易绩效，二者缺一不可，它们是关系质量的重要组成部分。

Anderson 和 Gerbing（1988），Crosby，Evan 和 Cowles（1990）等人认为当组织对交易伙伴的能力、品德和双方的未来发展很有信心，对双方目前的交易关系和绩效非常满意时，组织间会表现出较高的关系质量，因此信任和满意是组织间关系质量的两个必要因素。另一些学者认为，虽然信任、满意、承诺三者的具体含义不同，但三者共同反映了关系质量这个更高阶概念的各个方面，既包括了组织对交易双方为提高绩效所做的各种关系营销努力的正向情感肯定,又反映了组织为获取稳定的交易绩效、保持交易关系的长期发展愿意适当付出的意愿,在研究关系质量时应关心三者的联合作用。本书认为,关系质量应该能够反映交易双方的彼此信任、相互的承诺及对现有交易关系的满意水平,因而应该涵盖信任、满意、承诺这3个构件。

2.3.2 关系质量的前因变量

现有研究从多个角度探讨了关系质量的前因变量,通过对相关现有研究的总结,本书对关系质量的前因变量进行了归纳,主要有以下几个方面。

1. 控制机制

1) 控制机制的定义及分类

为了有效地管理交易关系,降低交易关系中的不确定性和提高关系收益,组织通常会采取一定的控制机制来监控和影响交易伙伴的行为,以保证交易伙伴承诺过的行为切实实施,确保交易关系向着取得预期目标的方向发展。

控制机制也称治理机制,是营销渠道、战略联盟等众多合作关系考虑的核心问题。它是指交易关系中的一方通过使用权力、权威及其他技巧与方法来监控和影响另一方的行为、流程及产出的过程。通常来讲,控制机制是通过一系列基础性的管理活动来实现的,它在交易关系中的作用是保证交易伙伴承诺过的行为切实实施,确保交易关系向着实现预期目标的方向发展。根据内在结构和作用机理的不同,控制机制分为交易性控制机制与关系性控制机制两大类。

交易性控制机制起源于交易成本理论,它基于人们的经济理性,通过正式化的指令、规章、监督、经济刺激等手段引导组织行为和管理组织间关系。关系性控制机制来源于社会交易理论,其强调社会交往和社会网络中的人际关系在经济交易中所起的作用。任何组织的经济交易都嵌入在其所处的社会网络和人际关系中,社会交往和人际关系除满足组织进行经济交易所必需的人际接触的需要外,还通过影响组织成员的态度和行为影响着组织的外部表现。因此,关系性控制机制对经济交易也有着十分重要的影响作用。不同的控制机制会对关系质量产生不同的影响作用。

交易性控制机制及关系性控制机制有着不同的表现形式、定义和治理机理，如表2-3所示。

表2-3 交易性控制机制及关系性控制机制汇总

类别	表现形式	定 义	治 理 机 理
交易性控制机制	契约	契约规定交易双方的权利、义务、交易流程、冲突解决方式、违约赔偿、结算方式、物流运输及各种潜在问题的处理方式等细节	交易双方一旦违背契约条款，就会受到相应的惩罚
交易性控制机制	专项投资	组织针对特定交易伙伴所做出的高度专业化的持久性投资，这些资产既可以是生产设备、厂房、机器、计算机等有形资产，也可以是人员、知识、技术、专利等无形资产	针对特定交易，很难在核心交易关系以外重新配置，离开核心关系，专项投资的价值会损失
交易性控制机制	权力使用	一方影响另一方行为的能力，即令某个个体去做其在其他情况下不会做的某件事情的能力	组织关系中的一方使另一方感知到自己有为其带来某种结果的潜在能力
关系性控制机制	人际关系	交易组织的个体业务人员（边界人员）通过社会往来、业务互动而培养起来的亲密的私人关系与友谊	为组织在沟通、知识共享、冲突解决及合作方面的行为互动提供便利和非正式途径
关系性控制机制	信任	组织对交易伙伴有信心，认为其是诚实和善意的、会真心关心自己的利益、在自己遇到困难时值得依靠	信心使组织不会损害双方的交易关系；在对方遇到困难时愿意为对方提供帮助，甚至为对方实施带有一定风险的行为
关系性控制机制	关系规范	由决策制定者制定并指导实现组织目标的共同期望，它反映了交易双方为了实现共同的和各自的目标而合作时所采取的态度和行为	当环境发生变化时相应调整交易双方的期望使交易双方，争取共同利益和关系维持，无偿和自愿提供对方需要的信息

2）控制机制对关系质量的影响

这里只介绍常见的和重要的控制机制对关系质量的影响。

专项投资是组织针对特定交易伙伴所做出的高度专业化的持久性投资，包括专门的设备、设施、人员培训等，其只在特定的交易关系中具有价值，在特定的交易关系以外几乎没有价值，因此很难在与其他交易伙伴的关系中重新配置。专项投资的这种属性将组织"绑定"在特定的交易关系中，使组织在更换其他交伙伴或者终结现有交易关系时面临高额的关系终结成本,即转换成本。这种潜在的成本威胁使组织重视当前的交易关系,不愿意轻易放弃该交易关系,对维持高质量的交易关系表现出浓厚的兴趣与更多的承诺。

专项投资提高了投资接受方对投资方的认可。Wulf、Odekerken-Schroder 和 Iacobucci(2001)在研究欧洲食品与服装行业各级经销商与其顾客间的关系质量时指出,专项投资对关系质量有积极的正向影响。首先,当顾客感知到供应商对自己很重视,花费资金与人力为满足自己的需求而进行研发和专门设计时,顾客就会对供应商的行为感到满意。其次,真实投资在顾客身上的努力也为供应商传达了一种切实行动、真诚服务的良好意愿,使顾客感觉到与供应商的关系是可以满足自身需求的,进而使顾客愿意继续与供应商保持交易关系,因此也提高了顾客对供应商的信任与承诺。

专项投资向投资接受方传递了一种风险共担、责任共享的友好意愿。Skarmeas、Katsikeas 和 Schlegelmich(2002)在研究国际进口分销商与出口制造商间的关系时指出,进口分销商对出口制造商的专项投资可以提高进口分销商与出口制造商在特定进口业务上的效率,使其渠道目标更容易满足,它向出口制造商传递了一种友好的信念,即进口分销商的利益与交易关系的整体利益是一致的,进口分销商愿意与出口制造商共担风险、共享责任以维持交易关系的长期发展,进口分销商对交易关系做出了承诺。同时,由于专项投资高度的交易导向性,特定交易关系的终结也会给进口分销商带来巨大的沉没成本,这是有违进口分销商主观意愿的,因此进口分销商会对交易关系做出承诺,出口制造商也会对交易关系更有信心。

Palmatier、Dant 和 Grewal(2007)运用纵向对比分析的方法从交易成本经济学的视角就专项投资对关系质量的影响进行了总结,相关结论指出,交易关系中一方的专项投资向另一方传递了自身对交易的态度和意图,其沉没性、不可重置的属性能激发投资方对交易关系进行保护的意愿与行为。当双方都对交易关系进行专项投资时,双方做出机会主义行为的动机和关系终结的威胁减少,从而使双方不需要花费大量的监督成本来监管彼此的行为和交易关系的走向。降低的机会主义行为动机与监督成本使交易关系的效率更高、产出更优，使双方更倾向于双方联合行动，从而使交易关系具有长期发展的潜力和较高的质量。

权力使用是另一种常见的交易性控制机制，它有强制性权力使用和非强制性权力使用两种表现形式。强制性权力使用强调通过不顺从的负面后果向交易伙伴施加直接的压力，以获得期望的特定行为，虽能明显提高交易伙伴的顺从度，但会增加冲突发生的可能性，降低交易伙伴的满意度，减少交易伙伴的承诺。在非强制性权力使用的过程中，组织以交易伙伴对于业务问题的态度和信念为中心，没有或者仅有很少的直接压力，能增加交易伙伴的认同感，提高内部化程度，降低冲突发生的可能性，提高交易伙伴的满意度，增加交易伙伴的承诺。Ireland 和 Webb（2007）认为在战略供应链中，权力和信任因使用程度的不同既可以互补，又可以作用相反。互补特性表现在当一方无法获得期望的结果时，另一方可以替代其实现期望的结果；而权力的过度使用则会破坏关系中的信任，从而使二者的作用相反。Bachmann（2016）认为，权力发生在关系的结构框架层面，有助于发展各组织之间的信任。

关系规范是一种重要的关系性控制机制。关系规范也称社会规范，是由决策制定者制定并指导实现组织目标的共同期望，它反映了交易双方为了实现共同的和各自的目标而合作时所采取的态度和行为。关系规范强调建立具有共同期望的持续性关系交易，帮助交易双方开发难以复制的长期、信赖的、忠诚的、价值创造的组织间关系，有效提高组织间的交易绩效和关系质量。

2. 收益

改善经济收益是所有经济往来都关注的核心问题，也是企业挑选合作伙伴的根本原则。Morgan 和 Hunt（1994）在研究美国汽车轮胎供应商与经销商的关系时指出，企业只有当从与特定交易伙伴的关系中获得收益时才会认为该关系具有价值，如果一个交易伙伴能够为企业提供丰厚的收益，企业就会对其表现出高度的尊重及相互建立关系连接的愿望，并在与其建立、发展和维护关系的过程中做出较多的承诺。随后，Ulaga 和 Eggert（2006）在研究美国制造企业时补充道，经济收益仅仅是关系价值这个更大构件的一个部分，在商业经济关系中，关系价值才是关系质量中的 3 个构件——信任、满意、承诺的前因变量。

收益有很多不同的表现形式，Hennig-Thurau、Gwinner 和 Gremler（2002）通过研究高度顾客化行业的消费者建立了一个整合的模型，将收益分为信心收益、社会收益和特殊待遇收益 3 种类型，系统分析了不同收益的表现形式对关系质量不同构件的影响作用。信心收益指顾客感知到的对服务提供者担忧的降低，信任与信心的提高可以减少顾客对交易不确定性的担忧，促使顾客对服务提供者的角色评估更符合事先的预期，从而提高顾客满意度；社会收益关注关系本身而非交易的产出，使顾客对服务提供者产生较多的承诺；特殊待遇收益指服务提供者为顾客提供的成本节约、定制服务等特殊待遇，也会增加顾客对服务提供者的承诺。

Moloner 等人（2007）在其研究中指出，与客观的经济收益相比，感知到的价值既包括从特定交易中获得的经济收益，又考虑和参照了个体对交易的情感反映和认知过程。在离散的单次交易中，绝对的经济收益是评价交易关系质量的重要指标，但在多次的重复交易中，感知到的价值则更能体现交易的关系质量。因此，感知到的价值会正向影响关系质量的 3 个构件——信任、满意与承诺。

3. 机会主义行为

机会主义行为的概念起源于交易成本经济学，其最初被定义为"在交易中缺乏坦白和诚实的具有狡诈性质的自我利益寻求行为"。早期的理论认为，机会主义行为的判定标准是其是否违反一份明确的契约，这一概念化下的机会主义行为被描述为"公然的"或"强"机会主义行为。Luo Yadong（2006）在此基础上又引进了"弱机会主义"的概念，弱机会主义行为包括的行为违反了关系规范并损害了其他成员的利益，但这些规范并没有被阐述在某一项契约中，而是植根于特定关系中的所有成员的共识当中。交易中一方的机会主义行为会造成交易伙伴的利益损失，使交易伙伴对交易关系的信任降低，从而不愿意维持交易关系的发展。

机会主义行为有众多的表现形式，如对交易伙伴隐瞒关键信息、传播错误的资料、逃避责任、不履行承诺、违反交易原则为自身谋求利益。这些行为破坏了交易关系中的关系规范，造成交易伙伴的恐慌情绪，使他们认为交易关系不再是公平和善意的，其自身的利益也无法受到保障，从而降低交易伙伴的满意度。同时，这些行为也使交易关系中充满怀疑和不确定性，激发交易伙伴的邪恶意图，刺激交易伙伴的怨恨情绪，从根本上抑制了承诺的培养。

相似地，Bianchi 和 Saleh（2011）在研究智利进口商与其海外供应商间的关系时指出，海外供应商的机会主义行为给智利进口商带来了经济上的损失及情感上的怨恨情绪与挫败感，使智利进口商感到供应商不会履行承诺，自己无法依赖海外供应商达到事先预期，从而降低对交易关系的信任。另外，海外供应商的机会主义行为也使智利进口商面临高度的风险，使智利进口商不得不制定更加详尽的契约和更加严密的监督措施来控制海外供应商的行为，这些共同提高了智利进口商的交易成本。因此，从交易成本经济学的角度来看，机会主义行为也减少了交易伙伴的承诺。

4. 客观环境、相似性等因素

组织的经济交易都是在特定的客观环境和文化氛围中进行的，因此交易关系的关系质量也会受到客观环境和文化因素的影响。在环境方面，大量研究指出环境的不确定性和动荡性对关系质量有负向的影响作用。例如，Kumar、Scheer 和 Steenkamp（1995）在研究美国汽车行业的大型制造商与小型区域分销商之间的关系时指出，当组织在环境不确定性较高的环境中开展业务时，伙伴间的摩擦和感知到的冲突水平较高，灵活性较差，交易产出起伏性较大，阻碍了双方关系质量的提高。

环境动荡性指交易环境变化和未来可能出现状况不可预知的程度。动荡的环境会降低交易组织制定契约的准确性并引发不良适应的问题，它使得交易组织的行为不论在正式的契约框架还是在关系规范的框架下都显得难以控制和预测，因此容易引发交易组织的责任逃避行为，进而降低交易组织对交易关系的信任。另外，从交易成本经济学的角度分析，环境动荡性增加了交易的不确定性，提高了交易组织制定契约的难度，使交易组织无法在交易中保持必要的灵活性，因此也减少了交易组织的承诺。

相似性指交易组织的边界人员在个人外貌、生活方式、地位上的相似程度或交易组织自身在文化、价值观、目标上的一致程度。交易组织间或交易组织边界人员间的相似性在交易组织间传达了一种暗示，即交易伙伴会帮助自己实现特定的组织目标，使交易关系对交易组织更有吸引力，使交易组织表现出更多的信任、满意与承诺。Bianchi 和 Saleh（2011）专门就文化相似性在跨国进出口企业间关系中的作用进行了研究，结果显示文化相似性能降低交易成本，促进可靠交易关系的建立，尤其能增加智利进口商对海外供应商的信任。

表 2-4 对关系质量的前因变量的研究进行了归纳。

表 2-4 关系质量的前因变量的研究归纳

作者（年份）	研究情境	前因变量	主 要 结 论
Crosby、Evans 和 Cowles（1990）	美国房产所有人与其保险经纪人	在特定产品领域的技能	销售人员在特定产品领域的技能与关系质量正相关
		关系销售行为	销售人员的关系销售行为与关系质量正相关
Morgan 和 Hunt（1994）	美国汽车轮胎供应商与经销商	关系终结成本	关系终结成本与关系承诺正相关
		关系收益	关系收益与关系承诺正相关
		共享价值、交流	共享价值与信任、关系承诺正相关；交流与信任正相关
		机会主义行为	机会主义行为与信任负相关
Brown、Lusch 和 Nicholson（1995）	美国农用设备分销商	强制性权力使用	当供应商比分销商强时，供应商的强制性权力使用与分销商的功能性承诺正相关；当供应商与分销商实力相当或比分销商弱时，供应商的强制性权力使用与分销商的规范性承诺负相关
		非强制性权力使用	当供应商比分销商强时，供应商的非强制性权力使用与分销商的功能性承诺负相关；当供应商比分销商强时，供应商的非强制性权力使用与分销商的规范性承诺正相关
Kumar、Scheer 和 Steenkamp（1995）	美国汽车行业的大型制造商与小型区域分销商	分配公平程序公平	分销商感知到的分配公平和程序公平与关系质量正相关；分销商感知到的程序公平与关系质量的正相关关系大于分配公平与关系质量的正相关关系
		产出级别	分销商获得的产出级别与关系质量正相关
		环境不确定性	环境不确定性与关系质量负相关

续表

作者（年份）	研究情境	前因变量	主 要 结 论
Garbrino 和 Johnson（1999）	纽约百老汇戏剧公司	对演员的满意度 对熟悉演员的喜爱 对演出的满意度 对剧院设施的满意度	对所有观众来说，对演员的满意度及对剧院设施的满意度与其整体满意度正相关； 对具有较高忠诚度的观众来说，对演员的满意度、对熟悉演员的喜爱及对演出的满意度与其整体满意正相关； 对具有较高忠诚度的观众来说，对熟悉演员的喜爱、对演出的满意度及对剧院设施的满意度与其整体承诺正相关
Shamdasani 和 Balakrishnan（2000）	亚洲个人服务行业	企业的人员特征 企业的环境特征	企业的人员特征（技能、相似性、顾客知识、友好度、公开）与信任正相关； 企业的环境特征（标志、产品、氛围）与信任正相关； 企业的人员特征（顾客知识、友好度）与满意正相关； 企业的环境特征（标志、产品、氛围）与满意正相关
		双方的交易特征	双方的交易特征（客户相似度、人家交流）与满意正相关
Boles、Johnson 和 Barksdale（2000）	《财富》世界500强中的一个通信业务提供商与其众多顾客	销售人员在特定服务领域的技能	顾客感知到的销售人员在特定服务领域的技能与其对关系质量的评价正相关
		销售人员的关系销售行为	顾客感知到的销售人员的关系销售行为与自身对关系质量的评价正相关
		销售人员的公平性	顾客感知到的销售人员的公平性自身对关系质量的评价正相关
Kim Woogon、Han Jinsoo 和 Lee Euehun（2001）	韩国宾馆顾客与宾馆接待人员	信心	顾客对宾馆的信心与关系质量正相关
		交流	顾客与宾馆的交流与关系质量正相关
Wulf、Odekerken-Schroder 和 Iacobucci（2001）	欧洲食品与服装行业的各级经销商与其顾客	感知到的专项投资	感知到的专项投资与关系质量正相关
Hennig-Thurau、Gwinner 和 Gremler（2002）	高度顾客化行业的消费者	信心收益	信心收益与顾客对服务的满意正相关
		社会收益	社会收益与顾客对服务提供商的承诺正相关
		特殊待遇收益	特殊待遇收益与顾客对服务提供商的承诺正相关

续表

作者（年份）	研究情境	前因变量	主 要 结 论
Skarmeas、Katsikeas 和 Schlegelmich（2002）	进口分销商与出口制造商	进口分销商对出口制造商的专项投资	进口分销商对出口制造商的专项投资与进口分销商对交易关系的承诺正相关
		出口制造商对进口分销商所在地的文化敏感度	出口制造商对进口分销商所在地的文化敏感度与进口分销商对交易关系的承诺负相关
		出口制造商的机会主义行为	出口制造商的机会主义行为与进口分销商对交易关系的承诺负相关
Wong 和 Sohal（2002）	澳大利亚百货商场	对销售人员的信任	对销售人员的信任与关系质量正相关
		销售人员的承诺	销售人员的承诺与关系质量正相关
		商场的承诺	商场的承诺与关系质量正相关
Abe 和 Nelson（2002）	日本电子行业的制造商与泰国的分销商	控制机制 绩效	分销商的控制机制通过影响制造商的绩效对关系质量产生影响；制造商的控制机制通过影响分销商的绩效对关系质量产生影响
Walter 等人（2003）	德国企业	与供应商关系的直接功能	与供应商关系的直接功能（成本降低、质量、销量、自卫）的不断满足与顾客感知到的关系质量正相关
		与供应商关系的间接功能	与供应商关系的间接功能（市场、侦查、创新、社会支持）的不断满足与顾客感知到的关系质量正相关
Ulaga 和 Eggert（2006）	美国制造企业	关系价值	关系价值与信任正相关；关系价值与满意正相关；关系价值与承诺正相关
Palmatier 等人（2006）	元分析	买方的关系收益	买方的关系收益与关系质量成正比
		买方对卖方的依赖	买方对卖方的依赖与关系质量成正比
		卖方的关系投资	卖方的关系投资与关系质量成正比
		卖方的技能	卖方的技能与关系质量成正比
		双方的交流	双方的交流与关系质量成正比
		双方的相似性	双方的相似性与关系质量成正比
		双方的关系持续时间	双方的关系持续时间与关系质量成正比
		双方的互动频率	双方的互动频率与关系质量成正比
		双方的冲突	双方的冲突与关系质量成反比

续表

作者（年份）	研究情境	前因变量	主 要 结 论
Moloner 等人（2007）	西班牙瓷器制造与旅游行业的企业与顾客	感知到的价值（安装、人员、产品、价格、情感、社会价值）	顾客对供应商的满意直接或间接地与顾客对供应商的承诺正相关 顾客对供应商的信任直接或间接地与顾客对供应商的承诺正相关 顾客对供应商的满意直接或间接地与顾客对供应商的信任正相关 交易中感知到的价值与顾客对供应商的满意正相关 交易中感知到的价值与顾客对供应商的信任正相关 交易中感知到的价值与顾客对供应商的承诺正相关
Palmatier、Dant 和 Grewal（2007）	纵向对比分析	买方的关系专项投资	买方的关系专项投资与买方对卖方的承诺正相关 买方的关系专项投资与买方对卖方的信任负相关
		卖方的关系专项投资	卖方的关系专项投资与买方对卖方的信任正相关
		卖方的机会主义行为	卖方的机会主义行为与买方对卖方的信任负相关
		双方的相互依赖	双方的相互依赖与双方的信任与承诺正相关
		双方的依赖不对等	双方的依赖不对等与双方的信任与承诺负相关
		双方的关系规范	双方的关系规范与双方的信任与承诺正相关
		双方的交流	双方的交流与买方对卖方的信任与承诺正相关
Chen Zhenxiong、Shi Yizheng 和 Dong Dahai（2008）	相关卫生保健诊所与其顾客	服务提供者的技能	在高度信任的服务环境中，服务提供者的技能与关系质量正相关
		服务提供者的用心度	在高度信任的服务环境中，服务提供者的用心度与关系质量正相关
		服务提供者的友好度	在高度信任的服务环境中，服务提供者的友好度与关系质量正相关
		服务提供者的沟通效率	在高度信任的服务环境中，服务提供者的沟通效率与关系质量正相关

续表

作者（年份）	研究情境	前因变量	主 要 结 论
Skarmeas 等人（2008）	英国进口企业与其海外制造商	情感距离	情感距离与关系质量负相关
		海外制造商的角色绩效	海外制造商的角色绩效与关系质量正相关
		海外制造商的专项投资	海外制造商的专项投资与关系质量正相关
Al-Alak 和 Alnawas（2010）	约旦私人银行与其顾客	顾客导向	顾客导向与关系质量正相关
		关系导向	关系导向与关系质量正相关
		服务提供商的特质	服务提供商的特质与关系质量正相关
Liu Yi、Li Yuan 和 Zhang Leinan（2010）	中国家电渠道的成员	控制机制	不同控制机制组合对应不同程度的关系质量
Čater Tomaž 和 Čater Barbara（2010）	斯洛文尼亚采购企业与其供应商	产品质量	产品质量与正向算计性承诺和负向算计性承诺正相关
		适应性	适应性与规范性承诺正相关
		合作	合作与规范性承诺正相关
Bianchi 和 Saleh（2011）	智利进口商与其海外供应商	海外供应商的机会主义行为	海外供应商的机会主义行为与智利进口商的信任负相关；海外供应商的机会主义行为与智利进口商的承诺负相关
		文化相似性	海外供应商与智利进口商的文化相似性与智利进口商的信任正相关；海外供应商与智利进口商的文化相似性与智利进口商的承诺正相关
		环境动荡性	环境动荡性与智利进口商的承诺负相关
		交流	海外供应商与智利进口商的交流与智利进口商的承诺正相关
Ndubisi 等人（2011）	马来西亚、新西兰银行与其顾客	情感	情感与关系质量正相关
		交流	交流与关系质量正相关
		冲突处理	冲突处理与关系质量正相关
		个性化	个性化与关系质量正相关
Alrubaiee（2012）	约旦私人银行与其顾客	道德销售	道德销售与顾客对银行的信任正相关；道德销售与顾客对银行的承诺正相关
Luo Yadong 等人（2012）	中国家电行业分销商与制造商的关系	强性机会主义行为	交易双方的强性机会主义行为与交易双方对交易关系的满意负相关
		弱性机会主义行为	交易双方的弱性机会主义行为与交易双方对交易关系的满意负相关

第 2 章 理论与学术背景

续表

作者（年份）	研究情境	前因变量	主 要 结 论
沈鹏熠（2013）	国际离岸外包	宏观环境因素 企业微观环境因素	离岸服务外包伙伴的关系质量受到宏观环境因素和企业微观环境因素的双重影响，但企业微观环境因素的影响程度更大
邢博（2013）	探索性多案例研究	交互质量	交互质量与服务企业的顾客关系质量正相关
		技术能力	技术能力与服务企业的顾客关系质量正相关
		履约水平	履约水平与服务企业的顾客关系质量正相关
Al-Alak 和 Basheer（2014）	马来西亚银行业	顾客和员工的关系导向	顾客和员工的关系导向越强，关系质量越高，关系持续性越好
		忠诚的顾客关系	忠诚的顾客关系会使顾客的满意度和忠诚度及企业的口碑宣传得到提升
		相互披露	相互披露与关系质量无显著的关系
Williams 等人（2015）	《财富》跨国企业 100 强	项目管理绩效	项目管理绩效对关系质量和顾客满意度都有显著的影响
刘美璐和李晓萍（2015）	中国大型零售商场	物流服务质量	在 B2B 环境下，良好的物流服务质量可以显著提高企业间关系质量
Bachmann（2016）	理论分析	权力	权力发生在关系的结构框架层面，有助于发展各组织之间的信任
Huang Ying 等人（2016）	中国家电行业制造商与分销商的关系	沟通行为	制造商与分销商的沟通行为能提高双方之间的关系质量
		知识共享行为	制造商与分销商的知识共享行为能提高双方之间的关系质量
		冲突解决行为	制造商与分销商的冲突解决行为能提高双方之间的关系质量
		合作行为	制造商与分销商的合作行为能提高双方之间的关系质量
王晓飞、汪全勇和俞以平（2017）	中国服务企业	关系收益（经济收益、社会收益、心理收益）	依恋回避程度越高，经济收益对信任的正向影响越显著，社会收益对情感承诺的正向影响越显著，心理收益对信任的正向影响越显著
袁兵（2017）	中国顾客	关系沟通渠道	顾客关系质量受多个关系沟通渠道的影响，呈现一个倒 U 形曲线轨迹：在沟通量达到理想水平之前，顾客会积极地反应，顾客关系质量会上升，在超过理想水平之后，顾客会消极地反应，顾客关系质量会下降；通过调整关系沟通渠道与顾客偏好的渠道的一致性，能提升关系沟通渠道对顾客关系质量的正面效应

续表

作者（年份）	研究情境	前因变量	主　要　结　论
丰超等人（2018）	中国制造商-分销商关系	分销商的网络中心性和网络密度	分销商的网络中心性和网络密度对制造商采用的两种关系型渠道治理行为均有显著的正向影响，而后者则显著正向地影响制造商感知的渠道关系质量； 分销商的网络中心性和网络密度对制造商感知的渠道关系质量既有直接的影响，又部分地通过关系型渠道治理有间接的影响

2.3.3　关系质量在交易关系中发挥的作用

由于关系质量的特殊内涵，其在交易关系中所发挥的作用基本都是正面的，总结起来主要有以下两个方面。

1. 顾客忠诚

顾客忠诚是关系营销追求的长期目标之一，也是关系质量的重要结果。现有研究多数从顾客的行为角度来探究忠诚，常用的指标有重复购买、购买比例、购买结果、购买行为可能性。Wulf、Odekerken-Schroder 和 Iacobucci（2001）在研究欧洲食品与服装行业的各级经销商与其顾客间的关系时，将行为忠诚视为顾客购买频率与相比于其他经销商在特定经销商处的购买金额的组合，并认为关系质量的各个构件都有助于顾客行为忠诚的建立。例如，满意提高了顾客的关系持续时间与购买意图；信任增强了顾客对机会主义行为的容忍度；承诺使顾客具有保持交易关系的需要，从而使顾客有更大的实施交易的倾向，这些都是行为忠诚的体现。

然而，也有一些学者认为，仅从行为方面来定义忠诚缺乏概念性的基础且只捕捉了忠诚整体动态过程中的静态产出，重复购买可能仅是由简单的主观规范和条件因素造成的。因此，Dick 和 Basu（1994）进一步将忠诚概念化为顾客对特定品牌/服务/商店的态度与重复支持之间的关系，具体可表现为重复的光顾、转换行为、口碑推荐及投诉等。Shamdasani 和 Balakrishnan（2000）在这一概念的基础上对亚洲个人服务行业中的顾客关系进行了研究，并得出了关系质量的信任与满意构件都与顾客忠诚正相关的结论。此外，Rauyruen、Miller 和 Barrett（2007）在研究澳大利亚旅游与运输行业的顾客关系时也采用了这种范围较大的忠诚概念，并将其进一步细化为态度忠诚与行为忠诚，其中，行为忠诚特指顾客的购买意愿。研究结果显示，顾客对供应商的信任、情感承诺与顾客的态度忠诚正相关；顾客对供应商的整体满意与顾客的购买意愿正相关；顾客总体感知到的服务质量与顾客的购买意愿和态度忠诚正相关。

采用相同分类方法的还有研究斯洛文尼亚采购企业与其供应商间的关系的 Čater Tomaž 和 Čater Barbara（2010），他们沿用 Bowen 和 Shoemaker（2003）的定义，认为顾客忠诚既测量了顾客重复购买的可能性，又测量了顾客做出伙伴行为（如将这段购买经历介绍给他人）的可能性。因此，重复购买的意图（行为忠诚）和口碑相传的意图（态度忠诚）应当被视为两个相互独立的构件。其中，行为忠诚指顾客自发地通过重复购买产品而与特定供应商维持关系的意愿；态度忠诚指顾客与特定供应商心理上的归属感与态度上的拥护的级别。相关研究结果显示，态度性承诺隐含大量的情感依恋，能够引起维持与强化关系的正向意图，这些情感依恋与正向意图既能够使顾客把对特定产品与企业的感知经常性地介绍给他人，又能促使顾客与特定产品与企业建立起"合作性的"关系而立即引起顾客对产品与企业的购买与赞助行为。因此，态度性承诺同时与顾客的态度忠诚和行为忠诚正相关。

还有一些学者专门关注了忠诚的情感表现——口碑相传。例如，Al-Alak 和 Alnawas（2010）在研究约旦私人银行与其顾客间的关系时指出，顾客拥护关系是一种具有献身意味的关系，它来源于顾客切实感知到自己需要这段关系，主观希望维持这段关系，而非顾客觉得自己没有其他选择不得不维持某个特定关系。良好的关系质量有利于对顾客这种情感的培养，它使顾客自觉地扮演了服务提供商推介代表的角色，使顾客主动投入到广泛地与人交流和口碑宣传的活动中去。

除此之外，还有一些研究探索了关系质量与顾客未来业务参与度及关系持续意愿间的关系。这二者在一定程度上都可以看作顾客忠诚的表现。

2. 绩效

绩效是一个宽泛的概念，笼统地指企业从与某个交易伙伴的交易关系中获得的经济结果，如有利的市场地位、销售量的增加、有效开展工作的高质量服务支持等。一些实证研究表明，良好的关系质量能为企业带来优异的绩效，然而也有一些研究并没有发现关系质量与绩效之间具有显著的联系，因此一些学者认为关系质量与绩效间的联系取决于特定的交易情境。

一些学者在研究中国家电行业的渠道关系时指出，信任使渠道成员彼此更加真诚对待，有助于建立责任更高、更加稳定与持续的渠道间关系，并有效提高渠道关系绩效。具体来讲，当制造商与分销商之间相互信任时，制造商就会为分销商提供较大的采购折扣、加大产品与技术创新投入、优先为特定分销商提供配送服务；相似地，分销商也会通过加大广告、信息反馈、营销、分销及售后服务力度对制造商进行支持，这些共同提高了双方的关系绩效。

Bianchi和Saleh（2011）在研究智利进口商与其海外供应商间的关系时指出，在该关系中，智利进口商对海外供应商的信任使智利进口商更愿意与供应商延续交易关系，使智利进口商在应对意料之外的环境因素时展现更大的适应性，从而为智利进口商带来更高的关系效率和进口绩效。相似地，智利进口商对海外供应商的承诺也能发挥相同的作用，智利进口商的承诺使智利进口商具有维持一个有价值的交易关系的意愿，并且愿意为了实现进出口关系的长期收益而做出短期的牺牲，如果没有这种承诺，双方将无法深入地进行合作，因此智利进口商对海外供应商的承诺也能显著地提高关系绩效。

表 2-5 对关系质量的结果变量的研究进行了归纳。

表2-5 关系质量结果变量的研究归纳

作者（年份）	研究情境	结果变量	主 要 结 论
Crosby、Evans和Cowles（1990）	美国房产所有人与其保险经纪人	顾客的未来业务参与度	关系质量与顾客的未来业务参与度正相关
Moorman、Zaltman和Deshpande（1992）	美国市场研究的提供者与其顾客	研究人员对市场研究信息的利用	顾客对研究人员的信任与研究人员对市场研究信息的利用正相关

续表

作者（年份）	研究情境	前因变量	主 要 结 论
Morgan 和 Hunt（1994）	美国汽车轮胎供应商与经销商	默许	承诺与默许正相关
		顾客的离开倾向	承诺与顾客的离开倾向负相关
		合作	承诺与合作正相关；信任与合作正相关
		功能性冲突	信任与功能性冲突正相关
		不确定性	信任与不确定性负相关
Garbrino 和 Johnson（1999）	纽约百老汇戏剧公司	未来的预期	对具有较高忠诚度的观众来说，信任与未来的预期正相关；对具有较高忠诚度的观众来说，承诺与未来的预期正相关
Shamdasani 和 Balakrishnan（2000）	亚洲个人服务行业	顾客忠诚	信任与顾客忠诚正相关；满意与顾客忠诚正相关
Boles、Johnson 和 Barksdale（2000）	《财富》500强中的通信业务提供商与其顾客	顾客的未来业务参与度	关系质量与顾客的未来业务参与度正相关
Wulf、Odekerken-Schroder 和 Iacobucci（2001）	欧洲食品与服装行业的各级经销商与其顾客	行为忠诚	关系质量与行为忠诚正相关
Kim Woogon、Han Jinsoo 和 Lee Euehun（2001）	韩国宾馆的顾客与宾馆的接待人员	顾客的重复购买 顾客的承诺 顾客的口碑相传	关系质量与顾客的重复购买正相关；关系质量与顾客的口碑相传正相关；关系质量与顾客的承诺正相关；顾客的承诺与顾客的重复购买正相关；顾客的承诺与顾客的口碑相传正相关
Hennig-Thurau、Gwinner 和 Gremler（2002）	高度顾客化行业的消费者	顾客忠诚	满意、承诺与顾客忠诚正相关
		顾客的口碑相传	满意、承诺与顾客的口碑相传正相关
Sanzo 等人（2003）	西班牙工业企业与其产品服务供应商	买方对卖方的满意	信任与买方对卖方的满意正相关；买方感知到的价值与买方对卖方的满意正相关
Johnston 等人（2004）	加拿大采购经理与重要的合作供应商	共同责任感	供应商感知到的顾客信任与双方的共同责任感正相关
		计划共享的程度	供应商感知到的顾客信任与双方计划共享的程度正相关
		协调灵活性	供应商感知到的顾客信任与双方的协调灵活性正相关

续表

作者（年份）	研究情境	结果变量	主要结论
Venetis 和 Ghauri（2004）	荷兰广告代理及其商业顾客	顾客的关系持续意愿	情感性承诺与顾客的关系持续意愿正相关
Lages Carmen、Lages Cristiana 和 Lages Luis（2005）	英国出口商与其进口商	出口绩效	关系质量与出口绩效（财务、战略）正相关
Farrelly 和 Quester（2005）	澳大利亚足球队与其赞助商	赞助商的经济满意	赞助商对关系的承诺与其经济满意正相关；赞助商对关系的信任与其经济满意正相关
		赞助商的非经济满意	赞助商对关系的信任与其非经济满意正相关
Palmatier 等人（2006）	元分析	买方对关系持续的期望	关系质量与买方对关系持续的期望正相关
		买方的口碑相传	关系质量与买方的口碑相传正相关
		买方的顾客忠诚	关系质量与买方的顾客忠诚正相关
		卖方的目标绩效	关系质量与卖方的目标绩效正相关
		双方的合作	关系质量与双方的合作正相关
Ulaga 和 Eggert（2006）	美国制造企业	关系扩展 关系终结	满意与关系扩展和关系终结正相关；承诺与关系扩展和关系终结正相关
Ramaseshan、Yip 和 Pae（2006）	中国商场与其商用租客	战略绩效	商用租客对商场的承诺与其战略绩效正相关
Rauyruen、Miller 和 Barrett（2007）	澳大利亚旅游与运输行业	顾客的态度忠诚	顾客对供应商的信任与顾客的态度忠诚正相关；顾客对供应商的情感承诺与顾客的态度忠诚正相关
		顾客的购买意愿（行为忠诚）	顾客对供应商的整体满意与顾客的购买意愿（行为忠诚）正相关；顾客总体感知到的服务质量与顾客的购买意愿（行为忠诚）和态度忠诚正相关
Chen Zhenxiong、Shi Yizheng 和 Dong Dahai（2008）	中国香港的卫生保健诊所与其顾客	顾客的再次光顾	在高度信任的服务环境中，关系质量与顾客的再次光顾正相关
		顾客的口碑推介	在高度信任的服务环境中，关系质量与顾客的口碑推介正相关
Liu Yi、Luo Yadong 和 Liu Ting（2009）	中国家电行业的制造商与分销商	双方的机会主义行为	制造商与分销商的相互信任与双方的机会主义行为负相关
		双方的关系绩效	制造商与分销商的相互信任与双方的关系绩效正相关

续表

作者（年份）	研究情境	结果变量	主 要 结 论
Al-Alak 和 Alnawas（2010）	约旦私人银行与其顾客	关系连续性 口碑相传	关系质量与关系连续性正相关 关系质量与口碑相传正相关
Canniere、Pelsmacker 和 Geuens（2010）	比利时成衣零售商与其顾客	购买意图 购买行为	关系质量与购买意图正相关； 购买意图与购买行为正相关
Liu Chuangtzer、Guo Yi 和 Lee chiahui（2011）	中国台湾的移动电话使用者	顾客忠诚	关系质量与顾客忠诚正相关
Bianchi 和 Saleh（2011）	智利进口商与其海外供应商	关系绩效	智利进口商对海外供应商的信任与自身的关系绩效正相关； 智利进口商对海外供应商的承诺与自身的关系绩效正相关
Alrubaiee（2012）	约旦私人银行与其顾客	顾客对银行的忠诚	顾客对银行的信任与顾客对银行的忠诚正相关； 顾客对银行的承诺与顾客对银行的忠诚正相关
王辉、张慧颖和吴红翠（2012）	中国制造企业的供应链	潜在吸收能力 创新绩效 合作绩效	关系质量对潜在吸收能力具有积极影响； 企业与供应商间的关系质量仅对创新绩效具有积极影响； 企业与客户间的关系质量对创新绩效和合作绩效均具有积极影响
Rafiq、Fulford 和 Lu Xiaoming（2013）	英国在线购物者	在线忠诚度	关系满意、感知关系投资和情感承诺对在线忠诚度有显著的正向影响； 信任通过关系满意对在线忠诚度产生正向影响
Bianka、Xavier 和 Robert（2013）	欧洲传统食品连锁企业的供应链	创新能力	关系质量是提高连锁企业的创新能力的重要因素
Semrau 和 Werner（2014）	德国初创企业家	在获得启动资源方面的边际回报	网络规模的扩大和关系质量的提高导致在获得金融资本、知识、信息及其他业务联系等启动资源方面的边际回报减少
刘刚和王岚（2014）	上海汽车行业	研发合作关系的价值	关系治理显著地影响研发合作关系的价值，其中，满意对研发合作关系的价值的影响最大，其次是信任、承诺
Williams 等人（2015）	《财富》跨国企业100强	顾客满意度	在项目管理中，关系质量是顾客满意度的重要驱动力

续表

作者（年份）	研究情境	结果变量	主　要　结　论
沙颖、陈圻和郝亚（2015）	中国制造企业	物流外包绩效	关系质量对物流外包绩效有显著的直接正向影响，也通过作用于关系行为的中间过程对物流外包绩效产生间接的影响；信任、专项投资、创新对关系行为的正向影响显著；承诺和依赖对关系行为的影响均不显著
刘伟和邸支艳（2016）	中国IT外包公司	接包方的知识接受意愿	信任、满意和承诺对接包方的知识接受意愿具有显著的正向影响
		接包方的知识吸收能力	信任和满意对接包方的知识吸收能力具有显著的正向影响
		知识缄默性与知识转移之间的关系	信任和满意对知识缄默性与知识转移之间的关系具有显著的调节作用
刘波等人（2016）	深圳市环卫服务外包	环卫服务外包的效果	信任、承诺、共识对环卫服务外包的效果均有积极的影响作用；协调、支持通过信任对环卫服务外包的效果产生积极的影响作用
马鸿佳、马楠和郭海（2017）	中国高新技术企业	双元创新	关系质量对双元创新具有显著的正向影响；信息共享、共同理解和特定关系记忆分别在关系质量和双元创新之间起到中介作用
涂剑波、陶晓波和吴丹（2017）	中国虚拟社区用户	互动 共创价值	男性样本，信任和满意对互动具有显著的影响；女性样本，信任对互动的影响不显著，但满意能积极影响互动；互动质量正向影响共创价值，资源整合在互动和共创价值的关系中具有中介效应
林舒进、庄贵军和黄缘缘（2018）	中国制造企业	企业与分销商的信息分享 企业与分销商间的合作行为	组织关系质量和人际关系质量对企业与分销商的信息分享有正向影响；信息分享对企业与分销商间的合作行为有正向的影响；IT能力会减弱人际关系质量对企业与分销商的信息分享的正向影响作用
秦德智、秦超和赵德森（2018）	中国-东盟跨国母公司与子公司	技术转移绩效	组织间的交互渠道通过关系质量、学习意愿对技术转移绩效产生间接的正向影响；关系质量不能直接促使技术转移绩效的提升，但可以通过学习意愿的中介作用间接影响技术转移绩效

续表

作者（年份）	研究情境	结果变量	主 要 结 论
万作勇（2019）	中国农产品市场	流通绩效	信任质量、满意质量及承诺质量对流通绩效的影响均为正向的，承诺质量对流通绩效的影响最大； 流通渠道关系质量中的3个变量均正向影响社会性沟通与工具性沟通两个中介变量，并进一步正向影响流通绩效

2.3.4 关系质量的研究小结

通过对现有关系质量相关研究的回顾，可以发现以下几个问题。

首先，关系质量作为对交易关系整体氛围的综合评价，是一个高阶性的构件，它包含其他一些构件。这些构件在不同的研究时期和不同的研究视角下有着不同的表现形式。目前，较为认可且使用最多的关系质量的构件是信任、满意及承诺。

其次，良好的关系质量对交易双方和整体交易关系都有积极的影响作用，因此了解关系质量的前因变量有助于企业合理分配组织资源、恰当管理组织间的交易关系。现有研究对关系质量的前因变量进行了大量的理论推导与实证检验，发现控制机制（专项投资、权力使用、关系规范）、收益（经济收益、感知到的价值）、机会主义行为、客观环境因素（不确定性、动荡性）、相似性等因素都会影响关系质量。其中，强制性权力使用、机会主义行为、环境不确定性与动荡性会阻碍关系质量的提高，其他因素则能提高关系质量。

最后，由关系质量的定义和其包含的内容可以看出，关系质量对交易双方及整体交易关系的状况都有正面的改善作用。通过对现有文献中关系质量作用结果的回顾与梳理，本书发现关系质量中的正向情感提高了企业或个人对交易伙伴行为的容忍度，促使企业或个人期望投入到一种合作性的伙伴关系中，从而使企业或个人自发性地实施重复购买的行为或将自身的美好体验转达给其他有需求的人，因而首先提高了交易关系中顾客的忠诚；再者，良好的关系质量促使交易双方在交易中展现更大的灵活性，相互提供优惠的交易政策、采购折扣与技术支持，从而也提高了交易双方的绩效。

2.4 本书的总体研究框架

通过对相关文献的回顾,本书发现现有研究中还存在一些需要改进和深入研究的问题。

首先,根据边界人员的定义,边界人员既可以是组织的高层管理人员,又可以是组织的中层销售/采购经理。高层管理人员是组织的总舵手,拥有组织的最高决策权,中层销售/采购经理是组织具体经济活动和日常事务的实施者。现有研究大多只考虑了高层管理人员间的人际关系,仅有极少数的研究提到了中层销售/采购经理间的人际关系。并且,在实践中,组织的高层管理人员与中层销售/采购经理可能同时与交易伙伴处于同等级别的边界人员建立了良好的人际关系。而且,由于高层管理人员与中层销售/采购经理在组织中所处的位置不同、所拥有的权力不同、所承担的责任不同,其人际关系发挥的效力也很可能是不同的。因此,有必要提出一个整合的模型,同时研究高层管理人员间的人际关系与中层销售/采购经理间的人际关系对组织间关系的影响作用,分析它们的联合作用并比较它们单独作用时效力的相对大小。

其次,在现有关于人际关系与组织间关系的研究中,大多只关注了人际关系对组织间关系的直接作用,缺乏对其中具体的影响路径的探讨。为此,本书引入了跨界理论作为分析视角,来具体阐述人际关系到组织间关系的路径。采用跨界理论作为分析视角的原因在于,跨界理论关注的核心与本书的中心问题是一致的。跨界理论认为,组织需要与外部环境(外部组织)进行资源的交换和业务的互动才能生存和发展,边界人员的边界活动在保障组织与外部环境(外部组织)的资源交换与业务互动顺利进行的同时,也通过树立良好的组织形象与权威确保组织免受外部破坏势力的干扰。因此,跨界理论重视边界人员的日常工作及其在建立、维护组织间关系中扮演的角色。根据理论推导,本书发现,组织边界人员间的人际关系是通过影响组织在沟通、知识共享、冲突解决及合作方面的行为互动来进一步影响组织间关系的。

最后,在一对交易关系中,边界人员间的人际关系及组织间关系都是双方的。现有研究仅使用单边的数据来捕捉双方边界人员间的人际关系并研究其对组织间关系的影响,并不能全面地反映人际关系及其对组织间关系作用的本质。

针对以上不足并结合第 1 章中提出的研究背景,本书提出如下研究思路。

首先,根据边界人员在组织中所处位置和发挥职能的不同将组织的边界人员划分为高层管理人员和中层销售/采购经理。

其次,从跨界理论的分析视角出发,探索不同级别边界人员间的人际关系通过影响组织在沟通、知识共享、冲突解决及合作方面的行为互动进而影响组织间关系质量的作用机制,更深层次地揭示人际关系与组织间关系的联系。

再次,研究当不同级别边界人员间的人际关系同时存在时,它们对组织在沟通、知识共享、冲突解决及合作方面的行为互动的影响是互补还是替代的关系。

最后,比较不同级别边界人员间的人际关系对组织在沟通、知识共享、冲突解决及合作方面的行为互动的影响作用的相对大小。

基于以上分析,本书提出了如图 2-1 所示的研究框架。

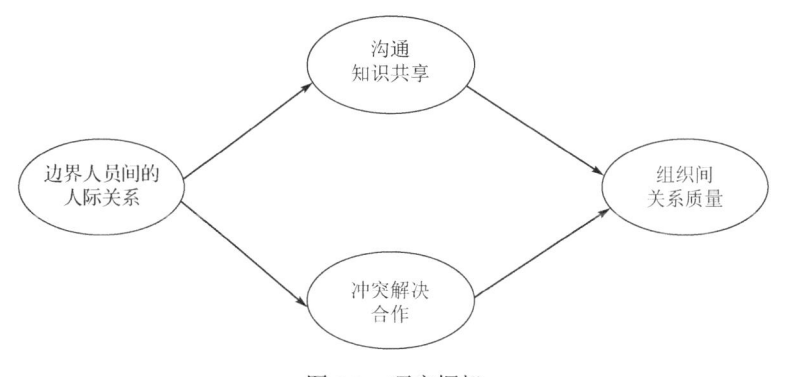

图 2-1 研究框架

第 3 章

概念模型和假设

针对第 1 章中提出的研究背景,第 2 章对现有的相关文献进行了回顾与梳理,并在此基础上提出了本书的总体研究思路与研究框架。本章具体介绍如何将通过访谈得到的信息与研究框架和相关理论结合,以提出本书的概念模型和假设。

3.1 访谈法

1. 访谈法的概念和形式

访谈法又称晤谈法,是指通过访谈者和受访者面对面地交谈来了解受访者的心理和行为的数据搜集方法。与问卷调查法一样,访谈法也需要设计访谈提纲,但是采取的是访谈者口头提问并亲自现场记录答案的方式。访谈法通常是通过面对面的方式进行的,但也可以通过电话进行。

2. 访谈法的优缺点

访谈法具有以下优点。

(1)访谈者可以根据受访者的特性选择最恰当的提问方式、语气和用词，形成友好的访谈气氛，以便得到问卷调查法难以得到的深入资料。

(2)访谈者可以把研究目的和问题解释得更清楚，可以当场提出附加问题，获得的答案也更加准确。

当然，访谈法也存在一定的缺点，如费时、成本大、样本量小等。

3．本次访谈的目的

本次访谈的目的是考察研究对象边界人员间的人际关系、双方的关系质量，以及双方在沟通、知识共享、冲突解决及合作方面互动的实际情况，以验证第2章提出的研究思路与研究框架的合理性，并为进一步的研究工作提供基础。

4．访谈法的实施步骤

李怀祖（2004）认为访谈最重要的是在访谈前设计访谈提纲、寻找其他样本进行试点，以及在访谈中恰当地沟通并做好访谈记录。从过程上讲，访谈法的实施步骤主要包括以下4个。

(1)准备工作，包括明确访谈内容并设计访谈提纲。

(2)确定受访者，与受访者联系安排访谈事宜。

(3)实地访谈，做好访谈记录。

(4)整理访谈资料，分析、汇报访谈结果。

3.1.1 访谈的准备工作

按照访谈法的实施步骤，本书在访谈前进行了一系列的准备工作。

首先，基于本书的研究目的，本书选择我国家电行业的制造商-分销商的一对一关系作为研究对象。之所以选择我国的家电行业，原因有如下几个。

① 我国的家电行业不是国家垄断性行业，其内部运作受国家宏观政策、法律法规的影响较小，市场化程度很高，具有较强的竞争性，对我国家电行业的研究结果易于向其他一般行业推广。

② 家电行业是我国起步较早、发展较繁荣的行业，其中既有世界著名的制造商（如海尔、海信），又有世界著名的分销商（如国美、苏宁），双方都有相当强的市场地位和议价能力，因此在交易过程中不存在一方完全依附于另一方的情况，其交易关系能更加真实地反映边界人员间的人际关系对组织间关系影响的实际情况。

③ 选择单一行业样本能有效排除行业差异对研究结果的干扰。

其次，通过对现有文献的回顾本书发现，在渠道关系管理研究中既有关注供应商-制造商关系的，又有关注制造商-分销商关系的。但由于供应商-制造商关系中采购与销售的专业性过强，选择面较窄，人际关系在交易过程中扮演的角色有限，对供应商-制造商关系的研究结果不适合向一般行业推广。在制造商-分销商关系上，现有研究既有关注一个制造商与多个分销商之间的关系的，又有关注多个制造商与一个分销商之间的关系的，但是在研究这种一对多或者多对一的交易关系时，在对调查对象做出定量评估时难免会加入相互比较的成分，从而容易缩小或放大某些关系在交易中的作用。因此，本书选择我国家电行业的制造商-分销商的一对一关系作为研究对象，并分别选择几家制造商与分销商进行访谈。

再次，为了排除其他一些客观因素对访谈结果造成偏差，本次访谈在企业规模上分别选择了大、中、小型规模的制造商与分销商；在企业性质上，兼顾了国有、民营及外资这几种所有制类型的企业；在地理位置上，既选择了位于沿海发达地区的企业，又选择了位于中、西部相对欠发达地区的企业，从而确保访谈结果具有较高的普适性并能反映交易的真实情况。

最后，本书要求受访者既要了解企业间关系的整体质量，又要了解企业间在业务层面的行为互动情况，因此受访者均为相关企业中具体负责业务往来的人员。具体而言，在制造商中选择了负责销售的人员，在分销商中选择了负责采购的人员，从而保证受访者熟悉访谈的内容，能准确地提供研究所需要的有效信息。

除此之外，本书在访谈前还设计了访谈提纲并对访谈者进行了基本的培训。访谈提纲采用非结构化式的问题形式，非结构化式的问题既便于访谈者提问，为受访者营造良好的沟通氛围，又便于受访者随意回答和发挥。对访谈者的培训内容包括熟悉受访企业和具体受访者的基本情况、如何在访谈中与受访者进行交流、如何处理访谈过程中出现的突发事件等。对这些背景信息的了解和问题处理方式的掌握有助于访谈者在受访者面前塑造专业化的良好印象，有利于访谈的顺利进行。在此基础上，本书分别选择了一家制造商与一家分销商进行了预访谈，以帮助访谈者熟悉访谈过程，并就访谈中出现的问题和得到的反馈信息对访谈提纲进行了完善，随后才展开较大规模的正式访谈。

访谈提纲的具体内容如表3-1所示。

表3-1 访谈提纲的具体内容

问题	具 体 内 容
问题1	请介绍一下贵企业的基本情况及所处行业的特点
问题2	请谈一下您个人的基本情况，如职务、教育背景、在贵企业工作的年限等
问题3	请问贵企业有多少个主要的交易伙伴？您是否了解贵企业与这些交易伙伴的业务关系？如了解，请谈谈贵企业与交易伙伴业务往来的基本过程
问题4	贵企业在与交易伙伴进行业务往来时，相关经手人员是否会和交易伙伴的对应人员建立人际关系？如会，请谈谈有哪些人员，他们建立人际关系的基础及人际关系的具体表现有哪些
问题5	您是否了解贵企业与主要交易伙伴的关系情况？如了解，请谈谈贵企业与交易伙伴的关系情况
问题6	贵企业与交易伙伴相关业务往来的经手人员间的人际关系是否能改善贵企业与交易伙伴间的关系
问题7	贵企业是否会与交易伙伴交流信息、共享知识、共同解决问题及展开合作？如会，请谈谈贵企业与交易伙伴交流信息、共享知识、共同解决问题及展开合作的基本情况
问题8	贵企业与交易伙伴相关业务往来的经手人员间的人际关系是否会促进贵企业与交易伙伴在交流信息、共享知识、共同解决问题及展开合作方面的互动
问题9	贵企业与交易伙伴在交流信息、共享知识、共同解决问题及展开合作方面的互动是否有助于改善贵企业与交易伙伴间的关系

3.1.2 访谈的过程

首先，在访谈之前，访谈者将访谈的大体内容用电子邮件的形式发送给确定好的制造商与分销商的受访者，便于他们做出一些有针对性的准备；同时也与他们进行电话沟通,向他们介绍访谈的主要目的是进行大样本的学术研究,而不是个体案例研究或其他商业用途,并且在访谈结束后的结果整理中,不会出现受访企业和受访者的姓名及其他有指向性的信息,从而使受访者不会有所顾忌,使访谈的效果更好。访谈者还向受访者承诺,如果受访者有兴趣,访谈小组可将研究结果与其分享。

其次,在访谈的过程中,访谈者努力营造轻松、融洽的交流氛围,以便于受访者自由发挥。在提问的顺序上,从受访者最为熟悉的内容入手,如行业特征、受访者的背景、工作年限、在企业负责的主要工作,以及企业和交易伙伴具体业务往来的过程等,再将焦点集中到本书所关注的组织边界人员间的人际关系、组织间行为互动和组织间关系质量等方面。在提问的语气上,访谈者避免使用具有引导性的词汇,多使用"我对这方面的细节很感兴趣,您能否告诉我更多有关的情况?还有没有其他的"这样具有普适性的语句。在提出一个问题后,尽量让受访者自由发挥,充分表达自己真实的想法和意见,访谈者不要对其阐述的内容进行评价。此外,为了能更深入、更准确地了解相关问题,并防止受访者发挥过多、偏离主题,访谈者还要对受访者进行适当的控制。

最后,为了不遗漏所有必要信息点,在征得受访者的同意后,访谈者用电子录音的方式代替了手写记录,以便于后续的整理和分析工作。

3.1.3 访谈结果分析

访谈结果分析主要包括两个部分:一是基本信息分析,包括受访企业与受访者的基本信息;二是关键信息分析,包括组织边界人员间的人际关系、组织间关系质量的一些情况。

1. 基本信息分析

访谈者在西安、北京、郑州和深圳等地共进行了 11 次访谈,受访者包括 7 家制造商的销售主管人员和 4 家分销商的采购主管人员,访谈时间均在 30~60 分钟。访谈结束后,本书将访谈的基本信息进行了汇总,如表 3-2 所示。

表 3-2 访谈的基本信息汇总

受访企业		受访企业的基本信息				受访者的基本信息			
		行业细分	企业规模	年销售额/亿元	企业的所有制类型	所任职务	任职时间/年	学历	年龄/岁
制造商	访谈1	家用电器	20 000多人	150	民营	渠道经理	3	本科	26
	访谈2	手机	4000多人	100	外资	渠道经理	4	本科	27
	访谈3	电子元器件	10 000多人	100	民营	渠道经理	6	本科	30
	访谈4	计算机	200人左右	5~10	外资	渠道经理	7	硕士研究生	32
	访谈5	电子器件	350人左右	1.5	民营	经营部部长	2	本科	28
	访谈6	家用电器	5000人以上	50~60	国有	经营部部长	10	本科	45
	访谈7	家用电器	1500人左右	10~15	国有	总经理	9	硕士研究生	43
分销商	访谈8	手机卖场	50人左右	1~2	外资	采购经理	5	本科	31
	访谈9	计算机销售	30人左右	0.6	民营	总经理	8	本科	41
	访谈10	家电连锁	10 000人左右	500	民营	采购经理	4	本科	29
	访谈11	百货商场	800人左右	5	国有	采购部部长	12	本科	46

1）受访企业的基本信息

第一，在受访企业的行业细分上，受访企业涉及家用电器、计算机、手机及电子元器件等多个细分市场。受访企业共计11家，其中制造商7家，分销商4家。

第二，在企业规模上，制造商中500人以下的小型企业2家，500~10 000人的中型企业3家，万人以上的大型企业2家；分销商的规模相对较小，50人以下的小型企业2家，500~10 000人的中型企业1家，万人以上大型企业1家。

第三，在企业的年销售额上，制造商中年销售额在10亿元以下的企业2家，年销售额在10亿~100亿元的企业4家，年销售额在100亿元以上的企业1家；分销商中年销售额在1亿元以下的企业1家，年销售额在1亿~10亿元的企业2家，年销售额在10亿元以上的企业1家。

第四，在企业的所有制类型上，制造商与分销商都涵盖了国有、民营及外资这几种所有制类型。

从以上 4 点可以看出，本次访谈选择的企业是具有一定代表性的。

第五，在行业的特点上，所有的受访者都谈到，家电行业是中国最为成熟的行业之一，其市场化程度很高，产品、技术较为成熟，竞争十分激烈。在访谈中，多位分销商的受访者提到家电行业的竞争很激烈，利润率很低，通常只有 3%左右。这种市场化程度高、竞争激烈的行业特征能很好地排除其他宏观经济因素及文化因素对研究结果的干扰，既有利于提高研究结果的准确度，又便于将研究结果向其他一般行业推广。

2）受访者的基本信息

第一，在担任的职务上，制造商的受访者中渠道经理有 4 人，经营部部长有 2 人，总经理有 1 人；分销商的受访者中采购经理有 2 人，采购部部长有 1 人，总经理有 1 人。

第二，在任职的时间上，制造商的受访者的任职时间最短的为 2 年，最长的为 10 年；分销商的任职时间最短的为 4 年，最长的为 12 年。受访者在企业中较高的任职等级及较长的任职时间使其对企业的整体运作状态及企业间的业务互动较为熟悉。

第三，在年龄与受教育程度上，11 位受访者的年龄为 26～46 岁，学历为本科或硕士研究生。这表明受访者均为受过高等教育的中、青年，他们能很好地理解访谈者提出的问题并准确作答。

综上所述，本书进行的 11 次访谈真实、客观、有效，符合研究的需求。

2．关键信息分析

访谈结束后，根据本书的目的，本书对访谈记录中的关键信息进行了整理和分析，在尽量保留受访者原话的基础上挑选相关语句进行整理，以便找出研究所需的有价值的信息。

1）组织边界人员间的人际关系

在访谈中，访谈者询问了受访者所在企业不同级别边界人员与交易伙伴对应级别边界人员间的人际关系的存在情况及具体表现形式。通过对受访者的回答内容进行整理，我们得到以下结果。

第一，组织的边界人员，无论是高层管理人员，还是中层销售/采购经理都会和交易伙伴相同级别的边界人员建立一定的人际关系。人际关系的建立基础和表现形式各不相同。例如，一些销售人员和高级管理人员提到，"打交道多了自然会有些私人交情""我们经常与销售企业的采购经理联系，私交还是蛮好的""逢年过节、对方生日甚至商场做促销的时候我们都会与客户互赠礼品、发问候短信邮件""关系更近些的偶尔也会吃饭、喝茶、聊天"。

第二，组织各个级别边界人员间的人际关系都会影响组织间的行为互动，进而给组织间的经济交易带来一定的便利。例如，受访企业的高级管理人员提到，"我们与他们的很多合作点子都是在私下聊天时产生的"。一位家电销售连锁企业的采购经理在谈到自己与制造商企业的销售经理的人际关系时说道，"当我们彼此比较熟悉的时候，沟通就会很顺利，有什么问题都可以及时确认，有什么问题也比较好说开，不担心会产生负面情绪"。

2）组织间关系质量

在访谈中，访谈者请各位受访者对组织间的关系进行了描述。受访者指出，当组织的交易伙伴的数量较多时，虽然主要是依赖合约规定的条款来约束和评价不同的交易关系与交易伙伴的，但他们与交易伙伴之间也确实存在信任、满意及承诺的关系因素。例如，卖场的销售经理指出，"当我们与一个供货商维持了较长时间的合作关系后，我们也会彼此信赖，偶尔出现产品数目、型号不对的问题时，我们不会认为对方一定是有意这么做的，要立刻采取惩罚措施，我们会先与对方沟通，检查这个问题是否是由员工疏忽或沟通方面的问题造成的"。

3.2 概念模型

本书首先界定了人际关系、组织间行为互动（沟通、知识共享、冲突解决及合作）、组织间关系质量的内涵，并在此基础上，基于跨界理论的分析视角，提出了本书的概念模型。

3.2.1 人际关系

对于人际关系的界定，一些学者以挖掘人际关系产生的基础为目的，将人际关系看作个人之间基于某种关联基础而产生的实际性的联系或特殊关系。这些关联基础既包括家庭关系、社会关系，又包括社交活动和商业往来。一些学者以人际关系的内容为研究视角，将人际关系描述为个人之间形成的持续不断的互惠和友谊。这种互惠和友谊是一种潜在的社会契约和规则，虽然无法明确呈现，但能够为关系各方获取利益和所需的资源提供便利，它一旦被违背，将使关系各方遭受损失。还有一些学者在研究人际关系对组织经济交易的影响时，将人际关系与研究情境相结合，对人际关系的主体进行了界定，将人际关系定义为交易组织的个体业务人员（边界人员）通过社会往来、业务互动而培养起来的亲密的私人关系与友谊。

虽然不同学者基于不同的研究目的和视角对人际关系进行了不同的定义，但从本质上说，人际关系是基于社会交往而产生的主观情感感知。基于本书的研究目的，本书以 Adobor（2006）、Baker（1990）、Marsden 和 Campbell（1984）、Uzzi（1997）的定义为基础，在渠道情境下，将人际关系定义为具有交易关系的渠道成员的边界人员通过日常接触、社会交往等建立起来的亲密的友谊及相互喜爱。

3.2.2 组织间行为互动

通过引入跨界理论的分析视角，本书指出组织间的行为互动主要表现在沟通、知识共享、冲突解决及合作4个方面。

1. 沟通

沟通是信息经由某一渠道（方式）传播的过程。从广义上讲，"组织间以任何形式出现的、有价值的信息互换过程"都可以叫作沟通。沟通理论指出，描述一个沟通过程应关注4个方面的要素：沟通频率（频数/持续时间）、沟通方向（垂直/水平）、沟通形式（商业/非商业；正式/非正式）和沟通内容。Mohr 和 Nevin（1990）将沟通理论和组织理论相结合，对渠道成员间的沟通进行了研究，他们指出渠道中的沟通是将渠道成员连接在一起的纽带，是渠道成员间一系列有助于建立关系的交流行为的组合。在沟通的过程中,渠道成员间可以相互传递劝说信息、制定合作决策、协调项目规划。本书在 Mohr 和 Nevin(1990)对渠道成员沟通描述的基础上,将沟通定义为渠道成员间有价值的商业信息的及时互换过程。

现有研究从信息处理理论、交易成本理论、社会交换理论等视角对沟通进行了研究,相关结果显示:沟通可以降低信息不对称或信息不完全带来的交易风险;促进组织间的合作与协同,有效降低安全库存、生产提前期和采购提前期,加快新产品开发的进度,推进流程再造,降低交易成本,进而提高交易效率和组织绩效;帮助组织更快应对顾客需求、市场和行业变化,提高服务响应能力。同时,沟通还能让组织感受到交易伙伴的诚实、真诚和善意,进而对关系产生信任和信心。

2. 知识共享

知识是组织最有价值的资源和持续性竞争优势的关键来源。知识共享是组织获取知识最为快速、有效的方式之一。有的学者从共享过程和结果角度将知识共享描述为主体间以共享的方式,促进知识的相互学习,从而产生有价值的想法、产品和运作流程的过程。有的学者从共享行为本身出发,将知识共享定义为将知识从一个团体或组织向另一个团体或组织转移和传播的行为。其中,共享的知识既包括可以被文字化、符号化并以书面形式出现的显性知识,又包括不能被文字化、符号化,无法以书面形式出现,只能通过以往的经验和相互学习来感知的隐性知识。本书关注的是在渠道中的二元交易关系中,渠道成员双方在动态交易关系中共享各类商业知识的过程,因此本书将知识共享定义为渠道成员间及时的产品、市场、竞争力、竞争者等知识的双向流动。

3. 冲突解决

当关系一方感知到自己的利益或目标受到另一方的反对、阻碍或负面影响时,双方就会产生冲突。冲突有几种不同的类型,其中,一方为了提高自身利益而采取的公然行为叫作显性冲突;一方感知到来自另一方的压力、不安和敌意叫作情感冲突;冲突行为发生前的一些先行表象叫作潜在冲突。冲突解决是指解决这些冲突所采用的方式和技巧。在渠道情境下,冲突解决是指降低和解决显性冲突所使用的机制。这些机制可以分为两类:一类指通过施加制度化的政策规则来系统性、持续性地解决冲突，如通过渠道成员间互换高级领导者、成立分销渠道理事会和仲裁调停委员会等方式促进渠道成员的互动和交流来解决冲突；另一类指在规章制度的指导下通过特定的行为或过程来解决冲突，如冲突双方在规章制度允许的范围内通过劝说、商谈等方式解决冲突。本书中的冲突解决指渠道成员采用第二类冲突解决机制解决显性冲突的方式和行为。

4. 合作

组织间的合作指组织通过挖掘互补性的资源、技能和能力来寻求共同利益的行为。一切通过与他人合作以取得共同利益或利润而一同完成的活动都叫合作。如今，组织间的依赖日益显著和必要，任何组织都无法自我满足成长发展所需的全部资源，通过合作从其他组织快速获得自身所需的资源就成为组织的一个理性选择。因此，越来越多的组织开始选择与其他组织进行合作。组织间合作的内容主要集中在技术开发、业务流程、组织运作和财务管理4个领域。本书在Anderson和Narus（1990）对渠道情境下制造商与分销商之间合作描述的基础上，将合作定义为渠道成员为取得共同的结果或收益而在众多功能环节上采取互补的协作行为。

3.2.3 组织间关系质量

本书认为关系质量应包含信任、满意和承诺3个构件。

1. 信任

信任指组织对交易伙伴有信心，认为其是诚实和善意的、会真心关心自己的利益、在自己遇到困难时值得依靠。信任是组织间通过不断重复的成功交易逐渐累积起来的。作为一种对交易伙伴的正向肯定，信任对交易组织的情感和行动都有一定的引导作用。当交易组织相互信任时，一方对另一方的交易诚意就有了信念和信心，认为对方会真心诚意地关心自己的利益，而且不会采取突然行为或不当行为损害双方的交易关系；一方也会在对方遇到困难时为对方提供帮助，甚至会为对方实施带有一定风险的行为。因此，信任提高了组织承担风险的意愿并促使组织做出实际行动，它是建立、发展、维持组织间关系的基础，是组织间关系质量的重要组成部分。

2. 满意

满意是交易双方对交易关系的正向心理评价,交易双方都认为与交易伙伴的合作行为是完成计划任务的、有价值的和令人满意的。满意是组织对交易互动经验的情感反映,在一个交易关系中,组织对交易伙伴的行为和角色会有特定的期望,当组织观察到交易伙伴会努力地完成期望的行为与角色并试图恰当管理组织间关系时,组织就会产生满意的情感评价。与信任相似,满意是对特定交易关系的满意,是通过多次重复的成功交易积累起来的情感评价。满意能使组织意识到交易伙伴的重要性,有助于提高组织对交易伙伴能力的评价。满意能恰当地反映组织间的交易氛围和关系质量。

3. 承诺

承诺指交易双方对发展稳定交易关系的期望、对交易关系稳固性的信心、为保持交易关系愿意做出短期牺牲的意愿。承诺是交易关系发展到高级阶段的产物,只有当组织间的交易关系经历了足够长的时间,彼此通过了对方的各种试探和考验,交易关系才能进入这一阶段。承诺的本质是稳定性和牺牲性,它的产生不仅来源于交易双方对现有交易关系的利润、成本水平的简单正向评价,还依赖于对交易关系会在未来长期保持稳定并取得长期收益的判断,以及交易双方愿意为交易关系的持续发展做出牺牲的意愿。承诺体现了交易双方的理解、互惠和忠诚,促使交易双方对交易关系进行各种投资,强化了双方对抗短期不利因素的决心,有效提高了交易关系的质量。

3.2.4　概念模型的提出

基于跨界理论的分析视角,组织要生存与发展,就必须通过边界人员的跨界行为,打破组织与外部环境的边界隔膜,与外部环境进行资源与产品的交换,并保护组织免受外部破坏势力的干扰。因此,边界人员的跨界行为对组织的生存至关重要。边界人员在实施跨界行为时,不可避免地会与交易伙伴的边界人员进行接触,久而久之就会形成一定的人际关系。人际关系中隐含的正向情感使边界人员更加亲近与信任,使边界人员拥有更多的非正式沟通渠道,从而使边界人员能够更加灵活地处理日常业务,这些都提高了边界人员的工作效率。由于边界人员是代表组织与外部组织的边界人员开展业务的,因此无形中组织间业务互动的效率和组织间的关系也得到了提高和改善。

依据跨界理论,边界人员的基本职能有两项:信息处理与外部代表。根据本书第 2 章中的理论推论,边界人员的信息处理与外部代表职能促进组织在沟通、知识共享、冲突解决及合作方面的行为互动。因此,当边界人员间建立了人际关系时,人际关系是通过促进组织在沟通、知识共享、冲突解决及合作方面的行为互动进而提高组织间关系质量的。这三者之间的影响关系仅仅是简单的路径作用,还是组织间行为互动在人际关系与组织间关系质量间具有中介作用有待进一步的研究。

边界人员包括处于组织结构不同级别上的人员。之前关于边界人员间的人际关系的研究多把焦点放在高层管理人员间的人际关系上,然而,边界人员除包含高级别的管理人员外,还包含较低级别的销售/采购人员,而关于较低级别边界人员间的人际关系的研究被明显忽视了。基于在组织间交易情境下,人际关系可以存在于不同级别边界人员间的事实,本书采用了一个多级别的视角来同时研究高级别边界人员(高层管理人员)间的人际关系与较低级别边界人员(中层销售/采购经理)间的人际关系。72

综上所述,本书提出了如图 3-1 所示的概念模型。

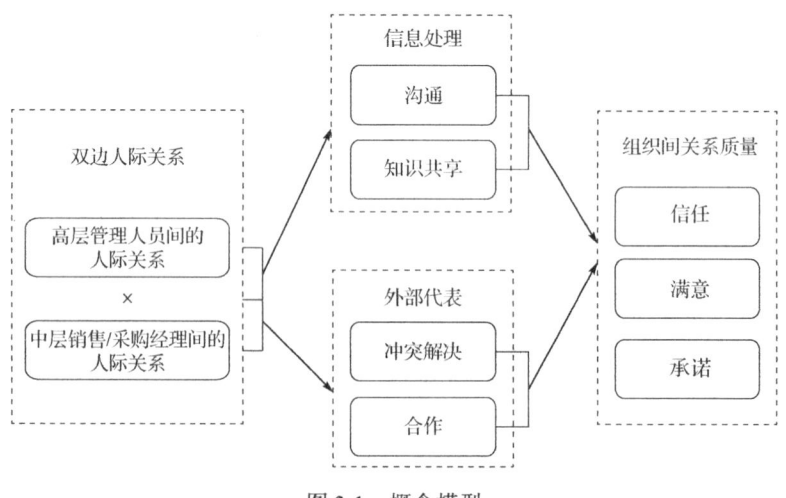

图 3-1 概念模型

3.3 假设的提出

现有研究已经对人际关系对组织间关系的影响作用做过大量的讨论,因此本书不探讨人际关系对组织间关系的直接作用,而主要探讨人际关系是如何通过不同的中介变量来影响组织间关系的。

3.3.1 边界人员的跨界行为的中介作用

基于社会网络理论强调的社会嵌入观点及新兴市场环境中无处不在的人际关系的客观事实,本书假定:交易双方间的关系牢牢嵌入在交易双方边界人员间的人际关系中,并且牢靠的人际关系会在新兴市场环境中带来良好的组织间关系。更进一步,跨界理论也支持本书提出这样的主张——人际关系与组织间关系的正向联系是通过组织边界人员之间特定的跨界行为来实现的。

当渠道成员的边界人员间存在良好的人际关系时,边界人员间会有更多的业务接触和社会交往。这些深入接触有助于边界人员对交易伙伴的品德、信用、背景、商业信誉、业务能力,以及交易伙伴及与自身组织的差异和利益关系等有更深入的了解。这促进了边界人员间信任、友谊和相互尊重的建立,有利于交易过程中各类劝说信息、决策意见、项目协调与规划方案等商业信息的流动与互换。这些正向情感也拉近了渠道成员间的距离,有效地推进了渠道成员在产品、市场、竞争力、竞争者等知识方面的及时交流。

此外,当渠道成员的边界人员间存在良好的人际关系时,边界人员间也拥有私交等非正式的信息和知识交换途径。这种非正式途径的存在,节约了渠道成员间进行劝说信息、决策意见、项目协调与规划方案等商业信息交换的时间,减少了渠道成员在产品、市场、竞争力、竞争者等知识方面的交流成本,有助于渠道成员间沟通和知识共享效率的提高。

在渠道情境下,深入的双边沟通与知识共享帮助渠道成员及时、顺畅地交换各类劝说意见、决策意见、项目协调与规划方案等信息;分享产品开发、业务流程、市场动态和竞争方面的知识、技能及各自的理解。这样,渠道成员可以相互提供对方没有的信息与知识,帮助对方依据市场变化及时调整自己的业务方案以提高其服务质量和市场响应能力，修补其竞争弱点，巩固其市场地位。这些使渠道成员感到交易伙伴是诚实和善意的、能够为自己着想、可以满足自己对缺失信息与知识的需求、会在自己遇到困难时提供帮助，从而更加信任双方的交易关系。此外，开放的沟通与知识共享还充分尊重渠道成员的决策自治权，给予渠道成员充分的权力表达自己的期望、担忧和目标，及时化解交易过程中遇到的分歧与冲突，消除意见不合对交易关系的破坏作用，使渠道成员真切感受到自己是交易关系的一部分、具有一定的价值、能够得到交易伙伴的关心和赏识，从而使渠道成员认为与交易伙伴的交易关系可以完成自己的任务、实现自身的预期、对自己是交易关系的一部分感到满意。有效的沟通与知识共享既能使渠道成员确认交易伙伴的交易诚意，使渠道成员感觉到交易伙伴对自己的关心、赏识和帮助，又能使渠道成员完成自身预期、体会到自己的价值，所以它们使得渠道成员愿意停留在当前的交易关系中，支持交易关系的长期发展，甚至为交易关系做出适当的牺牲，以保证对交易关系的承诺。

由此，本书提出以下假设。

假设 1a：边界人员间的人际关系经由边界人员的信息处理行为——沟通对组织间关系产生正向影响；

假设 1b：边界人员间的人际关系经由边界人员的信息处理行为——知识共享对组织间关系产生正向影响。

当边界人员间存在良好的人际关系时，人际关系中隐含的友谊、责任和义务使边界人员相信交易伙伴，尊重交易伙伴的平等地位，自觉抵制机会主义行为和不道德行为。当冲突出现时，双方能够致力于解决冲突，切实分析冲突产生的起因和本质，充分交换敏感信息，甚至主动做出让步以兼顾对方的利益，而不会挑剔对方人员的个性特征或存在偏见，甚至相互推卸责任、指责对方的失职和疏忽行为。这种友好的工作氛围确保了所出现的冲突问题能够得到妥善的解决。

同时，由于边界人员间存在良好的人际关系和正向情感，渠道成员在交易过程中会给予交易伙伴有限资源/信息的优先使用/获得权、更优惠的交易政策和更多的政策支持，在外界威胁出现时为交易伙伴提供保护。这有助于渠道成员认可交易伙伴的合作诚意，愿意为双方的合作提供有价值的资源并承担一定的风险，认为与交易伙伴的合作和共同努力会带来更多的额外收益，这有效地促进了渠道成员间的合作。

良好的冲突解决方式能够增进渠道成员间的理解和磨合，促使渠道成员建立更加紧密的联系和友谊，从而提高渠道成员间的关系质量。首先，在友好的冲突解决氛围下，渠道成员相互提供合理的解决方案和建设性的劝说意见来逐渐改变对方对冲突问题的观点和决策，而不是采用胁迫或控制的方式强制对方接受自己的方案。良好的冲突解决方式使渠道成员认为交易伙伴尊重自己的平等地位和决策自主性、关心自己的利益和目标、不会采取单方投机行为损害自己的利益，从而对双方的交易关系表现出高度的信任。其次，良好的冲突解决方式能兼顾双方的利益和目标，使渠道成员共同参与到冲突解决的过程中，通过展开一体化的解决过程来取得满足双方决策标准的统一解决方案。良好的冲突解决方式体现了渠道成员的相互关心和交易诚意，能有效地提高渠道成员间的关系质量、提高渠道成员对交易关系的评价。有了这些友好的冲突解决经历和由此培养出的正向情感，交易过程中的误会和摩擦逐渐被化解，渠道成员的默契度不断提高，渠道成员更倾向于维护交易关系的长期发展，并愿意为交易关系的良性发展做出适当的牺牲，以保证对交易关系的承诺。

通过合作，渠道成员可以相互提供对方需要的资源、人力和技术，在各自熟悉的领域为对方提供帮助。这样，渠道成员就有更多的资源、知识、人力进行整合和重新配置，为自身的市场战略部署和新产品开发提供更多的资源和支持，使自身更好地满足顾客需求，帮助自身减少顾客流失。这种合作既提高了渠道成员在供应链中的采购、流程、销售等环节上的议价能力，又增强了合作体与地方职权部门索求优惠政策的交涉力量，使渠道成员可以更好、更灵活地实施自身的各项战略，从而使自身获得更多的市场机会和经济效益。这一共同的价值创造过程使渠道成员真切感受到交易双方是相互依赖、交织在一起的，使渠道成员认为交易伙伴会真诚关心自己的利益、努力履行自身的义务、认真完成另一方对自己的行为和角色期望，以及在自己需要的时候提供资源、人力和技术上的帮助，从而使渠道成员对双方的交易关系保持高度的信任、对自己是交易关系的一部分感到满意。同时，合作过程中这种相互的资源、人力和技术的投资不仅将双方的利益整合在一起，还使双方的行为在一定程度上都受到交易伙伴的约束和限制。因此，合作还可以发挥契约的效力，充当在不确定性较高环境下的控制机制，培养渠道成员对合作关系的归属感，以及对共同目标、共同价值的认同感，使渠道成员分摊市场、技术动荡及激烈竞争带来的风险，有效抑制渠道成员的机会主义行为，降低交易关系中的不确定性，从而使渠道成员更加愿意停留在这一放心的交易关系中，并支持交易关系的长期发展和对交易关系做出更多的承诺。

基于以上分析，本书提出以下假设。

假设 2a：边界人员间的人际关系经由边界人员的外部代表行为——冲突解决对组织间关系产生正向影响；

假设 2b：边界人员间的人际关系经由边界人员的外部代表行为——合作对组织间关系产生正向影响。

3.3.2 不同级别边界人员间的人际关系对跨界行为的共同作用

本书认为，与单个级别的人际关系的作用效应相比，当高级别与较低级别边界人员间的人际关系同时存在时，它们对组织间的行为互动将产生放大的作用。

作为组织的边界人员，高层管理人员是组织的总舵手，拥有组织的最高决策权，他们熟悉和掌握的是与组织战略规划、组织发展方向、组织目标和组织资源等相关的信息与知识。中层销售/采购经理是组织具体经济活动和日常事务的实施者，他们掌握的是与组织日常事务、具体业务流程、客户资料等相关的信息与知识。因此，当高层管理人员和中层销售/采购经理与交易伙伴对应级别的边界人员间同时存在良好的人际关系时，渠道成员间有价值的商业信息的互换，以及渠道成员间及时的产品、市场、竞争力、竞争者等知识的交流不仅会有多元化的通路和平台，渠道成员所交流的商业信息及有关产品、市场、竞争力、竞争者等知识的内容还将更加多元化和丰富多彩。高层管理人员和中层销售/采购经理与交易伙伴对应级别的边界人员间同时存在良好的人际关系，不仅能增强渠道成员在战略信息与知识方面的沟通和共享,还能促进渠道成员在事务信息与知识方面的沟通和共享,因此能产生比单个级别的边界人员间人际关系对渠道成员间的沟通和知识共享更大的促进作用。

由此,本书提出以下假设。

假设3a:当高层管理人员间的人际关系与中层销售/采购经理间的人际关系同时存在时,它们对边界人员的信息处理行为——沟通的促进作用更大;

假设3b:当高层管理人员间的人际关系与中层销售/采购经理间的人际关系同时存在时,它们对边界人员的信息处理行为——知识共享的促进作用更大。

渠道成员间的冲突既可能来自双方经济目标、角色定位与预期的差异,又可能来自双方不恰当的资源分配、对事物的认知与沟通(包括战略沟通和业务沟通)。组织的经济目标、角色定位与预期及战略沟通是组织的高层管理人员在战略、运作方面关注的问题;而组织间的资源分配、对事物的认知及业务沟通则是通过组织基层的日常业务交往来进行的。类似地,组织间的合作通常发生在技术开发、业务流程、财务管理、组织运作等多个领域,它同时需要交易伙伴的高层决策指导和基层业务配合。因此,渠道成员间的冲突解决与合作既可能涉及双方的高层管理人员在经济目标、角色定位与预期方面的理解与协作,又可能涉及双方的基层管理人员在组织间的资源分配、对事物的认知及沟通等业务流程方面的协调与配合。在这些过程中,作为组织外部代表的高层管理人员与中层销售/采购经理都发挥着自己独特的作用。当高层管理人员间良好的人际关系与中层销售/采购经理间良好的人际关系同时存在时,渠道成员之间关于平稳解决冲突、确保合作关系健康发展的意愿更趋于一致,可调配的用于冲突解决与合作的资源范围更广。组织的高层管理人员与基层管理人员会有更多的交流与协作,高层管理人员可以从高层战略上协调与交易伙伴间的经济目标、角色定位与战略沟通;中层销售/采购经理可以在基层事务层面设计更加合理的资源分配、对事物的认知与业务沟通方式。这样,渠道成员间的冲突解决与合作不仅能获得双方的高层战略支持,还能得到双方的基层业务支撑,且渠道成员自身的高层战略框架与基层业务细节间的匹配性与兼容性将更加合理。因此,与单个级别边界人员间的人际关系的作用相比,两个级别边界人员间的人际关系的联合更加有助于渠道成员间冲突问题的良好解决和合作关系的顺利发展。

由此,本书提出以下假设。

假设 4a:当高层管理人员间的人际关系与中层销售/采购经理间的人际关系同时存在时,它们对边界人员的外部代表行为——冲突解决的促进作用更大;

假设 4b:当高层管理人员间的人际关系与中层销售/采购经理间的人际关系同时存在时,它们对边界人员的外部代表行为——合作的促进作用更大。

3.3.3 不同级别边界人员间的人际关系对跨界行为的作用差异

尽管渠道成员高层管理人员间的人际关系和中层销售/采购经理间的人际关系都能促进渠道成员间的沟通、知识共享、冲突解决与合作行为,但本书认为,中层销售/采购经理间的人际关系在促进渠道成员间的行为互动方面的作用更大。原因如下。

高层管理人员负责制定组织的战略规划、把握组织的发展方向、确定组织的目标市场与资源配置。而中层销售/采购经理是组织具体经济活动和日常事务的实施者,他们制订具体的销售、采购计划,与组织的供应商和顾客进行联系,参与业务谈判等。要履行这些职责,中层销售/采购经理就需要经常与交易伙伴的边界人员进行全过程的联系、讨论和谈判,这使得中层销售/采购经理比高层管理人员有更多的机会接触到交易伙伴对应级别的边界人员,使交易伙伴间有关的信息交换和知识共享的频次更高、内容也更多。

由此,本书提出以下假设。

假设 5a:中层销售/采购经理间的人际关系比高层管理人员间的人际关系对边界人员的信息处理行为——沟通的促进作用更大;

假设 5b:中层销售/采购经理间的人际关系比高层管理人员间的人际关系对边界人员的信息处理行为——知识共享的促进作用更大。

组织间关系是一个长期发展的过程,组织间的交易也是通过不断重复的日常工作来完成的。中层销售/采购经理是组织具体业务流程和日常工作的直接参者，与高层管理人员相比，他们有更多的机会与交易伙伴中处于相同级别的边界人员进行全过程的业务接触，涉及更多的组织流程和功能环节，会遇到更多具体和细化的冲突与合作问题，在与交易伙伴的冲突解决与合作问题上的职责和使命更大。此外，由于中层销售/采购经理还切实深入到组织的业务流程中，他们会更加清楚冲突问题发生的本质原因、背景及可能产生的破坏结果，更加熟悉双方的合作基础、业务实施及流程的具体细节。这样，中层销售/采购经理在与交易伙伴进行冲突解决与合作的过程中，能够准确判断问题的要害所在，恰当提出解决方案与劝说意见参与谈判协商，有效提高与交易伙伴的冲突解决与合作的效率和精确度。

由此，本书提出以下假设。

假设6a：中层销售/采购经理间的人际关系比高层管理人员间的人际关系对边界人员的外部代表行为——冲突解决的促进作用更大；

假设6b：中层销售/采购经理间的人际关系比高层管理人员间的人际关系对边界人员的外部代表行为——合作的促进作用更大。

3.4 小结

本章首先确定了以我国家电行业的制造商-分销商的一对一关系为研究对象。随后，本章分别阐述了边界人员的人际关系、沟通、知识共享、冲突解决、合作等相关构件的内涵，并基于跨界理论的分析视角具体分析了边界人员间的人际关系对组织间关系经由不同中介变量产生作用的具体影响机制。在现有研究中，虽然学者们都明确指出了组织的边界人员的级别不同，但是忽略了将不同级别边界人员间的人际关系放在一个整合的模型中进行研究。

本章按照边界人员在组织中所处的位置和发挥的职能的不同，将边界人员分为高层管理人员和中层销售/采购经理，分析了当不同级别边界人员间的人际关系同时存在时，它们对组织间行为互动的影响作用，并比较了不同级别边界人员间的人际关系对组织间行为互动促进作用的相对大小。

通过详细的分析和阐述,本书做出如下假定:首先,不论是高层管理人员还是中层销售/采购经理间人际关系都能经由边界人员的跨界行为促进组织间的行为互动来影响组织间关系;其次,当不同级别边界人员间的人际关系同时存在时,它们对边界人员跨界行为的促进作用比单个级别边界人员间的人际关系对边界人员跨界行为的促进作用更大;最后,相比于高层管理人员间的人际关系,中层销售/采购经理间的人际关系对边界人员跨界行为的促进作用更大。

表3-3归纳了本书提出的假设,第4章将利用通过问卷调查得到的数据对这些假设进行检验。

表 3-3 本书提出的假设

假设	假设的内容
H1a	边界人员间的人际关系经由边界人员的信息处理行为——沟通对组织间关系产生正向影响
H1b	边界人员间的人际关系经由边界人员的信息处理行为——知识共享对组织间关系产生正向影响
H2a	边界人员间的人际关系经由边界人员的外部代表行为——冲突解决对组织间关系产生正向影响
H2b	边界人员间的人际关系经由边界人员的外部代表行为——合作对组织间关系产生正向影响
H3a	当高层管理人员间的人际关系与中层销售/采购经理间的人际关系同时存在时,它们对边界人员的信息处理行为——沟通的促进作用更大
H3b	当高层管理人员间的人际关系与中层销售/采购经理间的人际关系同时存在时,它们对边界人员的信息处理行为——知识共享的促进作用更大
H4a	当高层管理人员间的人际关系与中层销售/采购经理间的人际关系同时存在时,它们对边界人员的外部代表行为——冲突解决的促进作用更大
H4b	当高层管理人员间的人际关系与中层销售/采购经理间的人际关系同时存在时,它们对边界人员的外部代表行为——合作的促进作用更大
H5a	中层销售/采购经理间的人际关系比高层管理人员间的人际关系对边界人员的信息处理行为——沟通的促进作用更大
H5b	中层销售/采购经理间的人际关系比高层管理人员间的人际关系对边界人员的信息处理行为——知识共享的促进作用更大
H6a	中层销售/采购经理间的人际关系比高层管理人员间的人际关系对边界人员的外部代表行为——冲突解决的促进作用更大
H6b	中层销售/采购经理间的人际关系比高层管理人员间的人际关系对边界人员的外部代表行为——合作的促进作用更大

第 4 章

研究方法

　　研究方法是在研究中发现新现象、提出新观点、揭示事物内在规律的工具和手段。选择恰当的研究方式是研究工作顺利进行的重要前提。为了切实检验第 3 章提出的概念模型和假设，本书综合采用管理学、营销学、组织行为学及经济学等多个领域的理论和方法。具体来讲，本书采用的研究方法主要有文献综述法、问卷调查法和实证研究法。本章的主要内容如下：首先，详细介绍本书采用的各种研究方法；其次，介绍本书数据搜集各环节中的工作；再次，介绍本书选取的构件的测量指标及选择依据；最后，介绍假设检验的方法。

4.1 研究方法介绍

4.1.1 文献综述法

　　文献综述法是基于特定的研究问题，通过系统回顾、梳理以往相关文献来获得资料，以便更全面地、正确地了解和掌握所要研究问题的一种方法。采用文献综述法我们可以了解研究问题的历史、现状，更好地把握研究问题的全貌，进而

"结构化研究问题,并为研究定位"。

本书通过对现有有关人际关系、组织间关系、边界人员跨界行为等方面的文献进行系统的综述研究,界定了相关构件的内涵,了解了现有研究的范围和深度,厘清了构件间的相互关系和影响路径,进而发现现有研究的不足和本书可以充分展开研究的方向,并结合相关理论提出了自己的概念模型和假设。

4.1.2　问卷调查法

调查法是社会研究中常用的基本方法之一。它是指有目的、有计划并系统地搜集相关调查对象特定方面真实状况的一种方法。具体来讲,调查法通过观察、谈话、问卷收集、案例研究等方式,对被调查者进行周密的和系统的了解,随后对调查搜集到的信息进行分析、综合、比较、归纳,从而得出某种规律、因果联系和结论。调查法中最常用的一种方法是问卷调查法,它是指以书面提问的方式搜集资料的一种方法,即调查者针对调查问题编制出相应的问题和选项,汇总编制成表,发放或邮寄给被调查者,并指导和协助被调查者选择或填写答案,最后回收、整理、统计和分析调查问卷。

本书采用访谈法和问卷调查法相结合的方法进行数据搜集,首先通过访谈大致了解被调查者对调查问题的了解程度、调查问题的描述是否与现实问题相符合等,随后根据访谈结果进一步修正设计的调查问卷,最后采用大样本的调查问卷搜集有关企业合作活动和行为的数据,并利用专业的数据处理和模式调试工具进行数据分析。

4.1.3　实证研究法

实证研究法是目前社会科学研究中较流行和较先进的一种方法。它是指根据现有的理论框架和实践需要,提出相应的假设,而后通过有目的、有步骤地搜集数据,进行数据分析,以证实之前根据理论推导出的某些变量之间的因果联系。实证研究的主要目的是验证各种自变量与某一个因变量之间的关系。实证研究讲究结论的客观性和普遍性,强调所得出的结论必须建立在观察和实验的经验事实上,它通过经验观察的数据和实验研究的手段来揭示一般结论,并要求这种结论在相同条件下具有可证性。基于文献综述法提出的假设和通过问卷调查法搜集的大样本数据，本书采用了结构方程模型的数据分析方法来证实本书提出的概念模型和假设的客观性和普遍性，从而使本书的结论在相同条件下具有较高的适用性。

与研究自然科学不同，研究社会科学（如经济、市场、管理等）领域的问题时经常要分析多个自变量与多个因变量之间的影响关系。在这个过程中，经常会碰到不可直接观测的变量（即潜变量），而这些问题运用传统的统计方法是无法获得解答的。结构方程模型成功弥补了传统统计方法在这些方面的不足，成为多元数据分析的重要工具。

结构方程模型是一种综合运用传统多元回归分析、路径分析和验证性因子分析方法而成的一种统计数据分析方法。其基本原理是基于变量协方差的线性方程组来解释各变量间的关联程度，因此结构方程模型又被称为协方差结构分析。结构方程模型中出现的变量既可以是能直接观测的变量，又可以是不能直接观测的变量，不能直接观测的变量统称为潜变量，其可用一些外显指标来间接测量。当自变量和因变量都是潜变量时，由于自变量不受模型中其他变量的影响，只受自身外显指标的影响，因此称其为外生潜变量；而因变量除受自身外显指标的影响外，还受模型中其他变量的影响，因此称其为内生潜变量。

1. 结构方程模型的优点

与传统的统计分析方法相比，结构方程模型具有如下优点。

（1）可以同时处理多个自变量和多个因变量之间的关系。

（2）变量可有多个测量指标且容许测量指标含误差项。

（3）可以同时估计因子结构和因子关系。

（4）测量模型的弹性更大（容许一个测量指标从属于多个因子，并可有高阶因子）。

（5）可以估计整个模型的拟合程度。

2. 结构方程模型的分析原理

结构方程模型可以处理的分析有验证性因子分析、路径分析、多元回归分析、方差分析、模型比较。本书主要应用结构方程模型在验证性因子分析、路径分析、多元回归分析及模型比较方面的功能，下面以这几个方面为例，具体阐述结构方程模型的分析原理。

（1）验证性因子分析。验证性因子分析是假设检验的必要前提，它用于测试一个因子与其相对应的测量指标之间的关系是否符合研究者所设计的理论关系，即每个测量指标是否在自己所属的因子上有显著的载荷，而在其他不相关的因子上没有显著的载荷，以及不同的测量指标之间是否存在新的因果关系（子因子）。在结构方程模型中，验证性因子分析将输出两类结果：第一类是测量指标在所属因子上的载荷系数（Loading）和载荷系数的显著性（t 值、p 值）；第二类是理论模型和经验模型的拟合度，即所提出的概念模型在多大程度上受到实际数据的支持，这个主要由 χ^2（df）的统计显著性来反映，不显著的卡方值（χ^2）（$p>0.1$）意味着理论模型与经验模型拟合较好，若其他拟合指标（GFI、AGFI、CFI、NNFI）也不低于 0.9，则模型的总体拟合符合要求。

（2）路径分析与多元回归分析。路径分析与多元回归分析主要用于研究中的假设检验。假设是研究者对于研究对象之间的关系的描述，假设检验就是通过数据的计算结果来判断是接受还是拒绝这种关系描述。对事先限定好关联关系的因子，结构方程模型会输出它们之间的标准化的回归系数（α 值）和显著性水平（p 值），α 值表示相关因子间的关联方向是否与假设提出的一致，p 值的大小表示这种关联关系是否显著。通常来讲，当 $p<0.1$ 时就可接受假设，认为假设描述的某些变量之间的关联关系切实存在，p 值越小，假设的显著性越高。

（3）模型比较。模型比较主要是比较同一自变量对不同因变量的影响关系，以及不同自变量对相同因变量的影响关系是否具有显著差异，即假设与假设之间路径系数相对大小的比较。在结构方程模型的具体操作过程中，首先在最终结果模型的基础上假定两个需要比较的假设的路径系数相同，记录此时模型整体的卡方值（χ_1^2）和自由度值（df_1），随后将对两个假设的路径系数相同的限制去掉，回到最终结果模型，并记录此时模型整体的卡方值（χ_2^2）和自由度值（df_2），根据两次记录的卡方值的差（$\chi_1^2 - \chi_2^2$）和自由度值的差（df_1-df_2）计算相应的显著性水平（p 值）。若 $p<0.1$，则表示假定两个假设的路径系数相等的模型与最终结果模型具有显著差异，即原始模型中的两个假设的路径系数不相同，具有显著的差异；若 $p>0.1$，则表示假定两个假设的路径系数相等的模型与最终结果模型没有显著差异，进行比较的两个假设的路径系数不存在显著差异。

3. 应用结构方程模型的步骤

通常来讲，应用结构方程模型主要有以下 5 个步骤。

（1）模型设定。模型设定即采用数字方程形式或者路径图的形式简洁地表示研究设计的内容、显示变量之间的关系。这一步多采用直观、清晰的路径图形式。

（2）模型识别。模型识别的内容包括两部分：确定模型中需要估计的参数和判断模型是否可被识别。需要估计的参数包括：内、外生潜变量与各自测量指标之间的路径系数；测量指标的残差；外生潜变量指向内生潜变量的路径系数；内生潜变量之间的路径系数。自由度（df）是判断模型是否可被识别的必要条件，df$=[(p+q)(p+q+1)/2]-t$，其中，p 为外生潜变量的个数，q 为内生潜变量的个数，t 为需要估计的参数的个数，如果 df≥ 0，则模型有可能被识别；如果 df<0，则模型一定不能被识别。

（3）模型估计。模型估计就是对模型中的各个参数进行估计的过程。在参数估计的过程中，结构方程模型将潜变量标准化，令其方差为 1，或者将潜变量下属中的一个观测变量的载荷设置为 1，相当于规定了因子载荷的标准，其他因子的载荷都是相较于 1 而定的，然后按照参数估计的方法（通常是最大似然估计法，也有两阶段最小二乘法、广泛最小二乘法等）进行参数估计。

（4）模型评价。模型评价即判断研究提出的变量间的关联关系模式是否与实际数据拟合及拟合的程度。在具体操作中，通过比较由研究所设定的模型估计出的协方差矩阵 E（称为估计协方差矩阵）与从样本的统计数据估计出的协方差矩阵 S（称为样本协方差矩阵）之间的差异情况来判断。若 E 与 S 接近，即残差矩阵的各元素接近 0，则表示研究提出的关联关系被实际数据支持，模型有效；反之，若 E 与 S 相差较大，则表示模型与实际数据的拟合性差。

（5）模型修正。如果发现模型偏离数据所显示的实际情况，就需要修正模型，再进行检验，不断重复，直到获得一个拟合性好的模型为止。模型修正可根据结构方程模型软件输出的残差分析结果进行。残差是实际协变量与估计协变量之差。若残差为正，则表示模型低估了两个变量之间的协方差；若残差为负，则表示模型高估了两个变量之间的协方差。正残差可通过增加路径的方式来修正，负残差可通过减少路径的方式来修正。

在实践中，结构方程模型运算通常是由特定的计算机软件来完成的，常见的有 LISREL 和 AMOS 软件。其中，AMOS 软件的用户界面友好，使用更加便捷，本书使用的就是 AMOS 软件。

4.2 数据搜集

根据本书的研究目的和研究对象的特点，本书采用问卷调查法来获取相关的研究样本，然后采用结构方程模型的统计分析方法验证所提出的概念模型和假设。采用问卷调查法的原因如下。

（1）问卷调查法是社会学、经济学、管理学等领域进行实证研究较为成熟、已被大量应用和检验的方法，现有营销学中有关组织间交易关系的实证研究大都采用了这种方法。

（2）问卷调查法将描述性的问题转化为量化式的数据指标，可以直接应用于统计分析。而且与实验方法相比，通过问卷调查法取得的数据更能反映经济活动的真实情况，研究结果的外部效度较高。

（3）问卷调查法方便易行，费用少、成本低，便于控制、选择样本和获取大样本数据。

（4）在存在样本误差的情况下，通过问卷调查法获得的信息更为准确。

因此，本书采用问卷调查法来获取大样本数据，而后采用相应的统计分析方法进行数据分析。下文详细介绍问卷调查法的具体操作过程及样本的基本信息。

4.2.1 问卷设计

问卷设计是问卷调查的关键内容，本书根据研究需要，分别设计了面向制造商和分销商的配对问卷，配对问卷中包含的变量完全相同，问卷分别以制造商和分销商为调查对象，请制造商和分销商从各自的视角对问卷中的问题进行回答。

变量的测量指标设计是问卷设计的核心环节，本书涉及的测量指标既有沿用现有成熟量表的，又有根据相关测量指标的定义新开发的，而后本书对它们进行了合理的编排。无论是沿用现有成熟量表的测量指标还是开发新的测量指标，都应遵循一些基本原则：①一个问题只能包含一个明确界定的概念，不能有双重含义；②问题不能带有倾向性，不能对回答者产生诱导；③问题要尽可能简明，便于回答者回答。

1. 沿用现有成熟量表的测量指标

在本书中，组织间关系（包括信任、满意、承诺）等构件沿用了现有成熟量表的测量指标，原因如下：一是这些构件的测量指标已被西方研究者充分开发，测量指标已经经过了大量的检验，得到了研究领域的普遍认可，具有良好的可靠性和有效性，便于进行深入的实证分析；二是这些量表测量的内容与本书相关构件的内涵是一致的。沿用现有成熟量表的测量指标还便于将研究结果与现有研究的结果进行跨文化对比分析。

现有成熟量表都是在西方环境下开发出来的，原始测量指标是英文的，本书采用了 Parameswaran 和 Yaprak（1987）推荐的方法将这些测量指标翻译成中文。

首先，由 3 名具有营销学背景、熟悉相关构件和研究的博士研究生将英文测量指标翻译成自己认为确实表达测量的原始含义且通俗易懂的语句，然后他们相互讨论，确保翻译的准确性。

随后，由另外 3 名具有相同学科和能力背景的博士研究生将翻译好的中文测量指标翻译回英文，将最后翻译回的英文测量指标与原始测量指标进行对比，若回译版本切实反映了原始测量指标的测量内容，则翻译成功。在这一过程中，要根据中国与西方社会的文化差异对测量指标进行适当的修正。

2. 开发新的测量指标

在本书中，需要开发新的测量指标的构件包括人际关系及合作。开发新的测量指标基于两点考虑：首先，这些构件现有的测量指标并没有被充分开发且没有经过大量检验，其可靠性和适用性有限；其次，现有的测量指标不能完全涵盖本书所定义的构件的全部内容，如中国情境下的人际关系与西方传统意义下的人际关系是不一样的，中国情境下的人际关系包含更多的人情、面子因素。开发新的测量指标的方法主要有归纳法与演绎法两种。其中，归纳法指归拢并使之有条理，即从许多个别的事物中概括出一些一般性的概念、原则或结论。与之相反，演绎法是从一般到特殊的推理，即从普遍性的理论知识出发，去认识个别的、特殊现象的一种逻辑推理方法。

本书采用归纳法与演绎法相结合的方法来开发新的测量指标，即先从一般现象出发，归纳出其全面的、概括性的定义，界定构件的范围，再将定义具体化、现实化成普通被调查者可以轻松理解并回答的语句用于问卷调查。以人际关系为例，基于本书的背景，本书检索了社会网络、战略联盟等领域的相关文献，从中广泛提取人际关系的定义和相关测量指标，并制定相关访谈提纲，通过深入企业进行访谈的方式再加入一些符合中国市场特色的人际关系因素，给出人际关系较全面的定义。随后，根据定义和企业访谈中提及的具体表现形式，细化出初步可供选择的测量指标，共计10个。

确定好测量指标后，本书通过专家法根据分类标准对测量指标进行分类并评价测量指标的内容效度。在这一过程中，我们邀请了11位营销专业的教师和博士研究生来配合完成。首先，告诉他们关于划分企业高层管理人员间的人际关系与中层销售/采购经理间的人际关系的不同表现形式后，请他们按照每一个测量指标与分类标准的匹配程度进行分类，如果1个测量指标被6名以上的教师和博士研究生划为一类，就保留这个测量指标。通过这个过程，高层管理人员间的人际关系保留了3个测量指标，中层销售/采购经理间的人际关系保留了4个测量指标。然后，对这7个测量指标进行再打分，1分表示非常具有代表性，2分表示在一定程度上具有代表性，3分表示根本不具有代表性，根据结果保留那些至少6名教师或博士研究生打1分或2分的测量指标,最后各剩2个测量指标,这些测量指标具有很高的内容效度。

3. 问卷的编排

在完成构件的测量指标设计之后,需要对问卷进行整体编排。在编排问卷的过程中,我们参考了国外问卷的编排形式,结合我们以往进行企业问卷调查的具体情况和实际经验,并考虑一般人员对问卷内容的接受能力和填写习惯,主要采取了如下一些措施。

第一,为避免被调查者担心自己的个人信息和企业的商业信息外泄而不如实填写,我们在问卷封面设有"填写说明",向被调查者介绍此次调查的发起单位、内容、目的及保密承诺,使被调查者了解此次调查的目的是学术研究而非商业用途,他们填写的内容不会被泄露给第三方;告知被调查者此次研究是大样本的普遍研究,而不是针对特定企业的案例研究;同时我们还向被调查者承诺研究结果可与他们分享,从而打消他们的顾虑,提高他们参与调查并如实填写的积极性。

第二,采用封闭式、结构化的问题。除问卷开始部分关于被调查者的基本信息采用了填空题外,其余关键构件的问题都采取封闭式的七分制李克特量表选择题(1~7符合程度逐渐加深,1—完全不符合,7—完全符合)。对于每一个抽象概念,问卷都根据其内容对其进行适当分类,每个小类目又包括相应浅显易懂的子问题。封闭式、结构化的问题不仅便于被调查者理解和回答,也便于获取大样本的数据用于定量研究。

第三,为了保证问卷获得的信息切实反映企业的真实情况,我们采取了关键信息员的方法,要求被调查者必须是企业的高层管理人员或者是切实参与并熟悉企业相关运作的基层业务人员。

第四,为了帮助被调查者准确把握问题的含义并有效填写问卷,我们在问卷上设置了"填写说明",详细解释问卷的填写方法和要求,还让部分研究人员陪同被调查者,以随时解答被调查者在填写问卷过程中遇到的各种问题。

第五,为了便于问卷的统计和问题的区分,我们在问卷上设置了相应的辅助内容,如问卷名称、问卷编号、问题标号、选项编码等。

4.2.2 调查过程

1. 研究对象

本书的目的是探讨边界人员间的人际关系对组织间行为互动和组织间关系的影响，因此本书选取了我国家电行业的制造商-分销商的一对一关系作为研究对象，搜集双方的数据，并从双方互动的角度来展开研究。在行业上，本书选择了我国的家电行业，原因在于这是我国兴起较早和发展较迅速的行业，它已经高度繁荣并具有很强的市场化特点。在本书所选的企业中，既有世界知名的制造商（如海尔、海信），又有世界知名的分销商（如国美、苏宁），双方都具有相当强的市场地位和议价能力，不存在一方迁就或惧怕另一方的情况，因此其交易状况能反映制造商和分销商之间交易的真实情况。

2. 访谈与预调查

在问卷初步设计完成之后，我们随机选取了 10 家企业进行访谈（包括制造商与分销商），主要目的有两个：一是检查问卷所包含的内容是否全面，即检查问卷所包含的内容是否尽可能多地反映了企业交易过程中的方方面面，是否涵盖了研究涉及的所有问题；二是检查问卷的填写说明、问题描述等文字是否表达清晰、语义明确，是否存在歧义或误导性的语言。根据访谈结果，我们对问卷进行了适当的修改，主要修正了一些表述不清和容易引起歧义的问题，并根据我国家电行业的具体情况新增了一些必要的问题。

修改问卷之后，我们又随机选取了 20 家企业进行预调查（同样包括制造商与分销商），被调查者为制造商的销售经理和分销商的采购经理，他们大多具有 5 年以上相关工作管理经验。预调查采取了实地调查的方式，我们向被调查者具体解释了问卷填写的目的和要求，并对被调查者提出的问题做出明确的回答，从而便于及时获得被调查者对问卷的看法和意见。在问卷填写完毕之后，我们也与被调查者进行了认真的交流，征求他们对问卷的内容和结构是否合理、问题描述是否清晰无歧义、问卷涉及的问题是否反映了企业渠道关系的实际情况等问题的看法，以及对进一步优化问卷的意见。根据预调查得到的看法和意见，我们再次对问卷进行了修改，形成了最终的问卷。为了保证最终问卷数据的真实性和一致性，预调查的数据没有被收录到最终的样本中。

3. 正式调查的过程

正式调查的过程如下。

在第一阶段，首先，我们请我国著名的家电制造商提供了其在全国范围内的900家分销商名录。随后，我们与这些分销商进行电话联系，邀请他们参加此次问卷调查。我们向这900家分销商邮寄了纸质问卷，其中包括：一份正式问卷；关于调查目的、问卷填写要求和过程的说明；已经写好回寄地址并贴好邮票的信封。在问卷寄出后，我们分别采用了电话、电子邮件的方式提醒分销商认真并尽快填写问卷。3周后，我们与还没有寄回问卷的分销商联系，鼓励其参与调查活动，并再次邮寄问卷。在第二次寄出问卷后，我们采取了相同的提醒方式，3周以后，对仍然没有寄回问卷的分销商第三次邮寄了问卷，提醒其尽快填写并寄回问卷。经过3轮的回收，总计回收314份问卷，其中有效问卷为251份，有效回收率为27.9%（251/900×100%=27.9%）。问卷无效的原因主要是问卷填写不完整、被调查者对所填内容的确信度（"基本信息"中的问题F1）过低，以及被调查者对企业活动的参与度（"基本信息"中的问题F2）过低。

在第二阶段，我们将与分销商配对的251份制造商问卷分别邮寄给上述有效填写问卷的251家分销商指定的制造商[①]。因为制造商问卷的回收情况直接影响最终的样本个数，所以在制造商的问卷收集过程中，我们付出了更多的努力。除采用与前期相似的电话、电子邮件的提醒方式外，我们还派出由16名营销专业的博士研究生（两人为一组）到制造商所在的地区，通过面对面指导填写和回收问卷的方式确保问卷的回收率。在剔除填写不完整，以及对所填内容的确信度及对企业活动的参与度评分过低的问卷后，我们一共收回有效问卷225份，有效回收率为89.6%。通过这一过程，我们共获得有效配对样本225对。

---

① 与每个分销商配对制造商的选择方式：问卷发放时刻，在分销商最近3次的采购交易中，选择交易额最大的制造商。

在第三阶段，我们将问卷数据录入数据库，为了确保录入过程中的准确性，我们采取了如下方式：两人为一组，各自独立地录入同一份问卷数据，然后通过我们特意编写的程序检查两人的录入结果是否存在差异，对存在差异的题项，核对原始问卷，以纠正存在的错误；通过随机抽查的方式进一步检查问卷数据录入的准确性。

4.2.3 样本的检验

为了判定所搜集数据的质量，我们对样本总体的可靠性和有效性进行了相应的检验。检查内容主要包括以下几项。

1. 关键信息员的资格审查

由于我们在问卷调查中采用了Campbell（1955）推荐的关键信息员的方法，需要对关键信息员的资格进行审查，以确保填写问卷的关键信息员熟悉调查问卷的内容，因此我们在问卷的第一部分专门设计了一些指标以确保关键信息员熟悉调查内容并易于填写问卷。

第一，设计了五分制李克特量表的选择题（1～5了解程度逐渐加深，1——点都不了解，5—很了解），专门调查关键信息员对与特定分销商（制造商）关系的了解程度。制造商样本得出的均值为4.23（标准差=0.56），说明制造商的关键信息员很了解与特定分销商的关系；分销商样本得出的均值为4.25（标准差=0.62），表明分销商的关键信息员也很了解与制造商的关系。

第二，采用直接填写的方式获得了关键信息员参与特定交易关系的时间。制造商样本表明，关键信息员参与该交易关系的平均时间为3.12年（标准差=1.90），其中，最长的时间为10年，最短的时间为半年；分销商样本表明，关键信息员参与该交易关系的平均时间为2.98年（标准差=2.44），其中，最长的时间为16年，最短的时间为半年。

第三，调查了关键信息员在特定职位上的任职时间。结果表明，制造商的关键信息员在特定职位上的平均任职时间为3.25年（标准差=1.66），分销商的关键信息员在特定职位上的平均任职时间为4.08年（标准差=2.49）。

第四，从分销商样本中搜集数据，得知双方交易关系的持续时间为 4.56 年（标准差=2.23）。

第五，从关键信息员在企业中所处的位置来看，73.6%的制造商的关键信息员和 74.5%的分销商的关键信息员都是企业直接负责与另一企业的相关交易的高级管理人员，其余26.4%的制造商的关键信息员和25.5%的分销商的关键信息员虽然不是企业的高级管理人员，但也是企业间交易的直接参与者，他们都能对特定的交易关系负责。这些结果均表明关键信息员熟悉与分销商（制造商）的交易关系，能够确保问卷调查的质量。

表 4-1 对关键信息员的基本信息进行了总结。

表 4-1　关键信息员的基本信息

基 本 信 息	制造商样本 均值	制造商样本 标准差	分销商样本 均值	分销商样本 标准差
对与特定分销商（制造商）关系的了解程度	4.23	0.56	4.25	0.62
参与特定交易关系的时间	3.12	1.90	2.98	2.44
在特定职位上的任职时间	3.25	1.66	4.08	2.49
双方交易关系的持续时间	4.56（2.23）			

注：双方交易关系的持续时间是从分销商样本中获取的，括号中的数值为标准差。

2. 问卷的效度分析

在录入问卷数据之后，我们采用吴明隆（2000）的方法，对问卷的效度进行了分析，即检验问卷中包含的所有问题项是否具有高低区分度。具体的方法是将每个有效问卷中包含的所有问题的打分相加，得出每个样本所有打分的总和。按照得分高低进行排序，前 27%的样本作为高分组，后 27%的样本作为低分组。对问卷中的每个问题分别求出其在高分组和低分组的平均分，然后对这两个得分进行 t 检验，如果两个得分有显著差异，说明该问题是有效的；如果两个得分没有显著差异，则说明该问题是无效的。我们的检验结果表明，问卷中的所有问题都是有效的，即是有高低区分度的。

3. 无偏性检验

为了确保回收的问卷具有代表性，我们进行了多次无偏性检验。

首先，对比了早期回收的问卷和后期回收的问卷的关键信息员的职位、在特定职位上的任职时间、参与特定交易关系的时间，以及被调查企业的规模、与分销商（制造商）维持交易关系的时间等，统计检验结果没有发现显著差异，说明前期和后期的问卷来自同一个样本，不存在样本偏差。

其次，在制造商样本中随机选取了 50 家寄回问卷和 50 家没有寄回问卷的企业，对其企业特征（如规模、销售量、企业类型等）、人际关系、组织间关系等关键构件进行了独立样本的 t 检验，结果显示，寄回问卷和没有寄回问卷的企业在上述问题上没有显著差异。因此，在本次调查中不存在回收差异，问卷具有一定的代表性。

4. 共同方法偏差检验

本书中用于模型分析的数据均来自同一份问卷，因此可能会出现共同方法偏差的问题。如果共同方法偏差切实存在，那么在进行因子分析时，将会出现一个单一因子或者其中一个因子可以解释大部分偏差的情况。

为了有力排除这一问题，首先，根据 Podsakoff 和 Organ（1986）推荐的单因素检验方法，将所有指标放在一起进行因子分析，并没有析出单一的因子，也没有一个因子能解释所有变量的大部分协方差。

其次，根据 Podsakoff 等人（2003）提出的方法，对模型的所有因子进行了一般方法因素检验，即将所有构件的测量指标都放在一个因子下，看模型的拟合情况，从结果来看（χ^2=4369.36；df=594；p<0.001；CFI=0.463；NFI=0.429；RMSEA=0.168），模型的拟合情况恶化。

以上两点可以共同说明，共同方法偏差在本书中不存在。

4.2.4 数据的基本特征

在进行数据处理之前，还需要分析数据的基本特征，主要包括被调查企业的地域分布、被调查企业的规模、被调查企业的所有制类型和被调查企业的产品细分等方面。

1. 被调查企业的地域分布

从被调查企业的地域分布来看，被调查企业位于全国不同省市，如表 4-2 所示。

表4-2　被调查企业的地域分布

所 在 地 区	制 造 商 数量/家	百分比/%	分 销 商 数量/家	百分比/%
北部地区	36	16.0	45	20.0
中部地区	33	14.7	42	18.7
东部地区	50	22.2	32	14.2
南部地区	57	25.3	49	21.8
西北部地区	25	11.1	29	12.9
西南部地区	24	10.7	28	12.4
合计	225	100	225	100

从表 4-2 中可以看出，被调查的制造商在北部地区有 36 家（16.0%），在中部地区有 33 家（14.7%），在东部地区有 50 家（22.2%），在南部地区有 57 家（25.3%），在西北部地区有 25 家（11.1%），在西南部地区有 24 家（10.7%）；被调查的分销商在北部地区有 45 家（20.0%），在中部地区有 42 家（18.7%），在东部地区有 32 家（14.2%），在南部地区有 49 家（21.8%），在西北部地区有 29 家（12.9%），在西南部地区有 28 家（12.4%）。从上述地域分布来看，被调查企业位于全国各地，能够代表目前我国家电行业的总体情况。

2. 被调查企业的规模

企业规模可以用员工人数和年销售额共同表示,本书的样本涵盖了我国家电行业的大、中、小型企业，如表 4-3 和表 4-4 所示。由表 4-3 和表 4-4 可知，各种规模的企业所占的比例相当，因此本书的样本具有很强的代表性。

表 4-3 被调查企业的员工人数

员工人数	制造商 数量/家	制造商 百分比/%	分销商 数量/家	分销商 百分比/%
1~100	23	10.2	69	30.7
101~500	59	26.2	79	35.1
501~1500	94	41.8	56	24.9
1501~5000	34	15.1	13	5.8
>5000	15	6.7	8	3.6
合计	225	100	225	100

注：因对表中的数据进行了四舍五入，所以可能存在合计与分项之和不等的情况。

表 4-4 被调查企业的年销售额

年销售额/千万元	制造商 数量/家	制造商 百分比/%	分销商 数量/家	分销商 百分比/%
<1	12	5.3	35	15.6
1~5（含）	33	14.7	46	20.4
5~20（含）	103	45.8	99	44.0
20~100（含）	42	18.7	28	12.4
>100	35	15.6	17	7.6
合计	225	100	225	100

注：因对表中的数据进行了四舍五入，所以可能存在合计与分项之和不等的情况。

3. 被调查企业的所有制类型

被调查企业的所有制类型如表 4-5 所示，本次调查的企业涉及国有企业、合资企业、有限公司、私人企业、集体企业等多种类型，且各种类型皆有一定的比例，因此本书的样本具有很强的代表性。

表 4-5 被调查企业的所有制类型

所有制类型	制造商 数量/家	制造商 百分比/%	分销商 数量/家	分销商 百分比/%
国有企业	64	28.4	26	11.6
合资企业	20	8.9	13	5.8
有限公司	85	37.8	99	44.0
私人企业	31	13.8	17	7.6
集体企业	19	8.4	43	19.1
其他（乡镇企业等）	6	2.7	27	12.0
合计	225	100	225	100

注：因对表中的数据进行了四舍五入，所以可能存在合计与分项之和不等的情况。

4. 被调查企业的产品细分

本次调查的行业为我国家电行业，涉及的产品包括冰箱、彩色电视机、洗衣机、空调、微波炉等多个产品类别，但从整体上说，几乎所有企业都涉及生产和销售冰箱、彩色电视机及空调。被调查企业的产品细分如表4-6所示。

表4-6 被调查企业的产品细分

产品类别	制造商 数量/家	制造商 百分比/%	分销商 数量/家	分销商 百分比/%
冰箱	73	32.4	67	29.8
彩色电视机	87	38.7	80	35.6
空调	65	28.9	78	34.7
合计	225	100	225	100

注：因对表中的数据进行了四舍五入，所以可能存在合计与分项之和不等的情况。

4.3 研究所涉及构件的测量

4.3.1 选择测量指标的基本原则

本书的测量指标既有沿用现有成熟量表的测量指标的，又有根据研究情境和文献新开发的，不论哪种类型，其质量都决定了统计结果的有效性和研究的价值性。因此，测量指标的选择对研究的成败至关重要。

在本书中，人际关系、合作构件的测量指标是新开发的，其余构件的测量指标都沿用现有成熟量表的测量指标。选择测量指标时应遵循以下基本原则。

1. 优先使用在相关研究领域高质量文献中已经使用过的测量指标

在相关研究领域高质量文献中已经使用过的测量指标经过前人的多次检验，其适用性和有效性得到认可，具有较高的信度和效度。

由于有关组织间行为互动（如沟通、知识共享）和组织间关系构件（包括信任、满意、承诺）的研究在西方发展较为成熟，量表也经过了大量检验，因此本书在这些构件的测量上沿用现有成熟量表的测量指标。

2. 翻译测量指标时要考虑被调查者的阅读习惯

现有量表多数为英文的,在将量表中的测量指标翻译成中文时既要注意保留其原有含义,使其不产生歧义、不被随意添加新的含义,又要考虑被调查者的阅读习惯,对陈述方式进行适当的调整。

3. 注意文化差异

现有测量指标绝大多数是在西方情境下开发并进行检验的,而西方的经济与社会环境与我国是存在巨大差异的,即使在语法翻译上是完全相同的一个概念,其包含的内容和具体的表现形式也可能是不同的。因此,在选择测量指标时,要切实把握原有测量指标的具体内涵,根据我国的特定文化背景选择与之切实匹配的描述,使之符合我国的环境和文化。

4.3.2 构件的测量指标及其选择依据

本书的主要构件包括边界人员间的人际关系、组织间行为互动和组织间关系。这些构件有两个特点:第一,这些构件不仅表示了某个客观行为和关系的存在性,还显示了其程度;第二,这些构件的测量都无法通过定量的数据和客观的描述来表示,只能通过定性的、主观的感知来衡量。

针对以上两个特点,本书在测量这些构件时采用了七分制李克特量表的形式来获得数据,要求被调查者用 1~7 中的某一个数字来定量描述自己与每个问题所描述情况的符合程度（1~7 符合程度逐渐加深,1—完全不符合,7—完全符合）。采用七分制李克特量表的好处有 3 个:第一,将定性的描述定量化;第二,问卷清晰、简洁,便于被调查者感知和填写,能快速获得调查结果;第三,能获得每个问题的得分,可以按照相加的方式获得相关构件的总分。

此外,Churchill（1979）还指出,在实证研究中,对于一个构件的测量应包括两个或两个以上的测量指标,因为多个测量指标比单个测量指标能够更全面地反映构件的信息。因此,本书对能够采用多个测量指标测量的构件都设置了多个测量指标进行测量。

本书将探讨边界人员的跨界行为对边界人员间的人际关系到组织间关系的

中介作用；分析当不同级别边界人员间的人际关系同时存在时，它们对边界人员跨界行为的促进作用，并比较不同级别边界人员的人际关系对边界人员跨界行为促进作用的大小。这一过程涉及的构件包括人际关系、跨界行为（包括沟通、知识共享、冲突解决、合作）、关系质量（包括信任、满意、承诺）。

下面分别阐述这些构件的测量指标及其选择依据。另外，考虑到本书的因变量还可能受到其他因素的影响，本书增加了一些控制变量。

1. 人际关系

基于本书的研究目的，本书以 Adobor（2006）、Baker（1990）、Marsden 和 Campbell（1984）、Uzzi（1997）的定义为基础，在渠道情境下，将人际关系定义为具有交易关系的渠道成员的边界人员通过日常接触、社会交往等建立起来的亲密的友谊及相互喜爱。

根据本书的研究目的和对企业进行访谈的结果，本书将边界人员间的人际关系划分为高层管理人员间的人际关系和中层销售/采购经理间的人际关系，并在 Ambler 等人（1999）及 Nicholson 等人（2001）测量人际关系原有测量指标的基础上，各新开发了两个测量指标来测量两个级别边界人员间的人际关系。这些测量指标如下。

针对高层管理人员间的人际关系的测量指标：该分销商（制造商）的领导和我们企业的领导经常相互邀请对方参加各自企业的年终晚（或午）餐及其他活动；该分销商（制造商）的领导与我们企业的领导很熟。

针对中层销售/采购经理间的人际关系的测量指标：该分销商（制造商）的采购（销售）代表和我们企业的员工之间的关系很好；该分销商（制造商）的采购（销售）代表和我们企业的员工经常一起度过业余时间。

用相似但不完全相同的测量指标来测量不同级别边界人员间的人际关系的原因在于，不同级别边界人员间的人际关系的具体表现形式是不同的。

2. 跨界行为

跨界行为包括沟通、知识共享、冲突解决及合作。

1）沟通

本书的第 2 章和第 3 章指出，边界人员的跨界行为帮助组织完成了沟通、知识共享、冲突解决和合作的行为，在这些行为的不断互动中组织间的关系也得到了改善。其中，边界人员的信息处理行为帮助组织完成了沟通与知识共享。

从广义上讲，"组织间以任何形式出现的、有价值的信息互换过程"都可以叫作沟通。Mohr 和 Nevin（1990）将沟通理论和组织理论相结合，对渠道成员间的沟通进行了研究，他们指出，渠道中的沟通是将渠道成员连接在一起的纽带，是渠道成员间一系列有助于建立关系的交流行为的组合。本书在 Mohr 和 Nevin（1990）对渠道成员沟通描述的基础上，将沟通定义为渠道成员间有价值的商业信息的及时互换过程。

本书从 Mohr（1994）设计的测量指标中提取了 4 个测量指标来测量沟通，这 4 个测量指标如下。

（1）我们会把需求的变化提前告知该分销商（制造商）。

（2）我们与该分销商（制造商）共享拥有的信息。

（3）我们与该分销商（制造商）都认为应该提供任何对对方有益的信息。

（4）我们与该分销商（制造商）都认为应该相互告知可能影响对方的事件和变化。

2）知识共享

知识是组织最有价值的资源和持续性竞争优势的关键来源。知识共享是组织获取知识最为快速、有效的方式之一。本书关注的是在渠道中的二元交易关系中，渠道成员在动态交易关系中共享各类商业知识的过程，因此本书将知识共享定义为渠道成员间及时的产品、市场、竞争力、竞争者等知识的双向流动。

在现有文献和企业访谈的基础上，本书开发了 5 个新的测量指标来测量知识共享，这 5 个测量指标如下。

（1）我们从该分销商（制造商）那里获取了许多关于替代产品的知识。

（2）我们从该分销商（制造商）那里获取了许多关于本产品竞争者的优势

的知识。

（3）我们从该分销商（制造商）那里获取了许多关于市场未来发展潜力的知识。

（4）我们从该分销商（制造商）那里获取了许多关于市场营销的知识。

（5）我们及时地从该分销商（制造商）那里获取了与我们的竞争者有关的知识。

3）冲突解决

边界人员的外部代表行为帮助组织完成了冲突解决与合作的行为。冲突解决是指解决冲突所采用的方式和技巧。在渠道情境下，冲突解决是指降低和解决显性冲突所使用的机制。这些机制可以分为两类：一类指通过施加制度化的政策规则来系统性、持续性地解决冲突，如通过渠道成员间互换高级领导者、成立分销渠道理事会和仲裁调停委员会等方式促进渠道成员的互动和交流来解决冲突；另一类指在规章制度的指导下通过特定的行为或过程来解决冲突，如冲突双方在规章制度允许的范围内通过劝说、商谈等方式解决冲突。本书中的冲突解决指渠道成员采用第二类冲突解决机制解决显性冲突的方式和行为。

本书采用了3个由Mohr和Spekman（1994）开发的测量指标来测量冲突解决，这3个测量指标如下。

（1）当与该分销商（制造商）产生冲突时，我们设法通过交换完整和准确的信息来解决冲突。

（2）当与该分销商（制造商）产生冲突时，我们通过淡化彼此间的差异和强调共同的利益来解决冲突。

（3）当与该分销商（制造商）产生冲突时，我们通过双方共同的努力来解决冲突。

4）合作

一切通过与他人合作以取得共同利益或利润而一同完成的活动统称合作。本书在Anderson和Narus（1990）对渠道情境下制造商与分销商之间合作描述的基础上，将合作定义为渠道成员为取得共同的结果或收益而在众多功能环节上采取互补的协作行为。

对于合作的测量，本书基于 Luo Yadong（2005）对合作类型和内容的描述，新开发了 5 个测量指标，这 5 个测量指标如下。

（1）我们与该分销商（制造商）建立了有效的销售合作团队。

（2）我们与该分销商（制造商）相互派驻了一些技术和管理人员。

（3）我们与该分销商（制造商）积极传递和提供相关的产品、技术及市场资料。

（4）通过对我们企业的观察和参观，该分销商（制造商）能够获得相关的知识。

（5）我们与该分销商（制造商）共同对他们的销售人员进行了一定的培训。

3. 关系质量

在组织间的二元交易关系中，关系质量反映了交易双方对特定交易关系中互不相同但彼此联系的各个方面的评价，包括关系的强度、亲密程度、整体氛围，以及交易伙伴的需求和愿望在多大程度上被满足等。关系质量是对一个交易关系全方位的评估，因此单一的关系构件无法准确刻画和把握组织间关系质量的各个方面，在本书中，关系质量采用二阶因子的表现形式，其中包含 3 个一阶因子：信任、满意和承诺。

1）信任

信任指组织对交易伙伴有信心，认为其是诚实和善意的、会真心关心自己的利益、在自己遇到困难时值得依靠。信任提高了组织承担风险的意愿并促使组织做出实际行动，是建立、发展、维持组织间关系的基础。

本书采用了由 Kumar、Scheer 和 Steenkamp（1995）开发的 5 个测量指标来测量信任，这 5 个测量指标如下。

（1）我们相信该分销商（制造商）不会向我们提出过分的要求。

（2）我们相信该分销商（制造商）真诚地关心我们的成功。

（3）我们相信该分销商（制造商）不会做出损害我们利益的事情。

（4）我们相信该分销商（制造商）会公正地对待我们。

（5）我们相信该分销商（制造商）在我们遇到困难时愿意提供帮助。

2）满意

满意是交易双方对交易关系的正向心理评价，交易双方都认为与交易伙伴的合作行为是完成计划任务的、有价值的和令人满意的。满意能恰当地反映组织间的交易氛围和关系质量。

本书采用了5个由Geyskens（2000）开发的测量指标来测量满意，这5个测量指标如下。

（1）我们和该分销商（制造商）的交易关系非常友善。

（2）该分销商（制造商）很婉转地表达其批评意见。

（3）我们和该分销商（制造商）在商务往来中互相尊重。

（4）该分销商（制造商）经常告诉我们一些他们认为我们应当知道的事情。

（5）该分销商（制造商）经常向我们解释其制定相关政策的理由。

3）承诺

承诺指交易双方对发展稳定交易关系的期望、对交易关系稳固性的信心、为保持交易关系愿意做出短期牺牲的意愿。承诺体现了交易双方的理解、互惠和忠诚，促使交易双方对交易关系进行各种投资，强化了交易双方对抗短期不利因素的决心，有效提高了交易关系的质量。

本书借用了Anderson和Weitz（1992）开发的5个测量指标来测量承诺，这5个测量指标如下。

（1）我们感觉和该分销商（制造商）是一家人，因此我们愿意和他们继续保持交易关系。

（2）即使其他分销商（制造商）提供更好的交易条件，我们也不愿意终止和该分销商（制造商）的交易关系。

(3)我们和该分销商(制造商)具有相似的经营理念,因此我们愿意和他们继续保持交易关系。

(4)我们忠于该分销商(制造商),因此我们愿意和他们继续保持交易关系。

(5)考虑到与该分销商(制造商)多年来的交往,我们觉得应该和他们继续保持交易关系。

4. 控制变量

考虑到本书的因变量还可能受到其他因素的影响,本书增加了4个描述企业特征和关系持续时间的变量作为本书的控制变量。描述企业特征的控制变量包括企业规模、销售量和企业类型。企业规模用企业的员工人数来表示;销售量是在一个销售年度内累计的以人民币为单位的销售总金额;企业类型为企业资金的构成方式。这3个变量都被编码成虚拟变量,编号由小到大表示人数逐渐增多、销量逐渐增大、从全部国有到完全外资。

最后,关系持续时间指某个制造商与特定分销商的交易关系的实际持续长度和时间跨度。与Anderson和Weitz(1989)的方法一致,本书设计了一个单一测量指标来测量关系持续时间,即制造商与分销商的交易关系持续的年限。

4.4 假设检验的方法

本书进行假设检验时采用的方法是结构方程模型,使用的软件是AMOS,涉及的主要检验有二阶因子的检验、中介变量的检验,以及不同回归方程的回归系数的比较。

4.4.1 二阶因子的检验

当一个因子能统管其余一些因子时,这个因子就叫高阶因子。如果变量 x、y、z 都同属于变量 A,都表示变量 A 在不同方面的程度或能力大小,变量 A 就叫二阶因子,变量 x、y、z 是隶属于变量 A 的一阶因子。一般来讲,二阶因子的拟合情况要优于一阶因子。一阶因子的个数不能太少，一般不应低于 3 个，否则，在运行程序时会出现问题。二阶因子的示意图如图 4-1 所示。

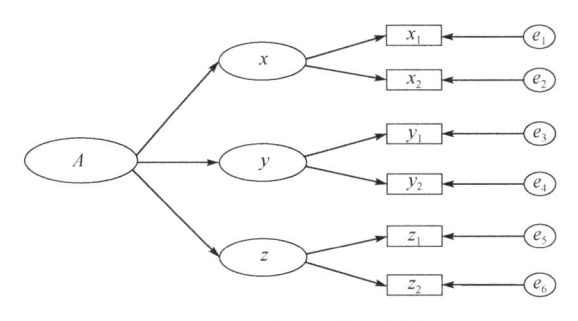

图 4-1 二阶因子的示意图

4.4.2 中介变量的检验

中介变量指自变量对因变量产生影响作用的中介，是自变量对因变量产生影响的实质性的和内在的原因。在分析自变量 X 对因变量 Y 的影响时，如果 X 要通过影响另一个变量 M 进而对 Y 产生影响，则称 M 为中介变量。若各变量已经中心化或标准化，则中介变量的示意图如图 4-2 所示。

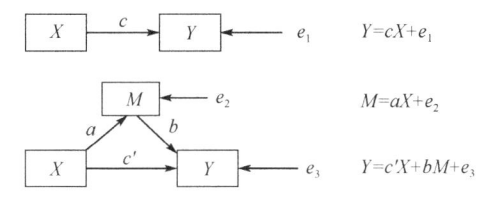

图 4-2 中介变量的示意图

在图 4-2 中，c 是 X 对 Y 的总效应，ab 是 X 对 Y 经由中介变量 M 产生的中介效应，c' 是直接效应，此时 $c=c'+ab$。中介效应的大小用 $c-c'$ 来衡量。

无论变量是否涉及潜变量，都可以用结构方程模型来检验中介变量。在结构方程模型中，中介变量的检验分 3 步完成。

第一步，将自变量 X 和因变量 Y 放进程序，X-Y 的直接作用显著。

第二步，将自变量 X、中介变量 M 和因变量 Y 都放进程序，连接 X-M、M-Y、X-M、M-Y 的作用都显著。

第三步，将自变量 X、中介变量 M 和因变量 Y 都放进程序，除连接 X-M，M-Y 外，还连接 X-Y 的主效应。若 X-M、M-Y 的作用显著，X-Y 的直接作用不显著，则 M 是自变量 X 对因变量 Y 的完全中介变量，X 对 Y 的影响完全通过 M 来产生；若 X-Y 的直接作用仍显著，只是影响作用减小，则 M 是自变量 X 对因变量 Y 的部分中介变量，X 对 Y 的影响只有一部分通过 M 来产生。

4.4.3 不同回归方程的回归系数的比较

本书要比较不同级别边界人员间的人际关系对边界人员的跨界行为影响的相对大小，因此要比较不同自变量对相同因变量的不同回归方程的回归系数。在结构方程模型中，回归系数的比较包括以下几个步骤。

第一步，在初始模型的基础上，将要比较大小的两个回归方程的回归系数分别设为 a 和 b，此时模型会有一个卡方值和自由度值（χ_1^2，df_1）。

第二步，重新建立一个模型，在新模型中，设置 $a=b$，此时因模型限制发生变化，卡方值和自由度值也会相应改变（χ_2^2，df_2）。

第三步，将设置 $a=b$ 后的新模型与初始模型进行比较。比较的原理是根据新模型与初始模型的卡方值的差（$\chi_1^2-\chi_2^2$）和自由度值的差（df_1–df_2）计算出一个显著性水平（p 值），具体计算由软件进行。若 $p<0.1$，则表示新模型与初始模型有显著的区别，即两个方程的回归系数不相等，有显著差异；若 $p>0.1$，则表示新模型与初始模型没有显著的区别，即两个回归方程的回归系数相等，没有显著的差异。

第 5 章

数据检验

第 4 章详细阐述了本书进行实证研究所需的问卷设计、数据搜集方法、构件测量，以及验证概念模型和假设所使用的统计分析方法。本章根据通过问卷调查法获得的数据，使用结构方程模型，综合利用 SPSS 和 AMOS 数据处理软件，对本书提出的概念模型和假设进行数据检验，并报告相关结果。具体来说，数据检验的流程有数据排序、默认值替代、测量指标净化、信度与效度分析、数据的描述性统计、概念模型和假设检验，如图 5-1 所示。如果问卷中包含反向测量的构件，还需要对这些构件的测量指标进行反向编码。

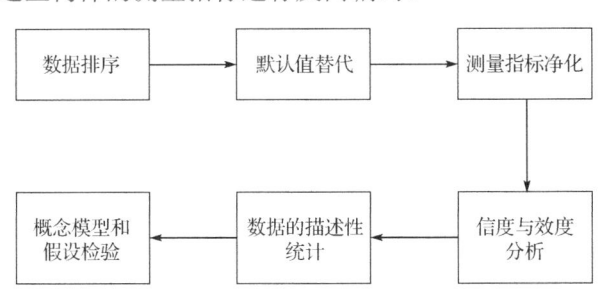

图 5-1 数据检验的流程

5.1 数据的初步处理

在通过问卷调查法获得大样本数据后，首先要对获得的数据进行初步处理，使其符合数据分析的基本要求，之后才能将数据用于后续的数据检验。通常来讲，数据的初步处理包括数据排序、默认值替代和测量指标净化。

5.1.1 数据排序

数据排序指对数据库内的数据按照字母和数字组合的升序或降序的原则进行排序。对数据进行排序的优点在于：使数据简明扼要，便于研究人员识别；便于研究人员根据构件的不同含义对数据进行分类；便于数据分析软件对数据进行操作。

5.1.2 默认值替代

在问卷调查的过程中，经常会出现被调查者漏填某些问题或某些问题的填写格式不符合要求的问题。这些漏填和错填的问题会影响数据分析的结果，甚至使数据文件无法被统计软件识别。此时要对这些原始数据进行默认值替代，替代的原则是把数据库中的空白项或不符合格式要求的选项用该问题其他有效回答的均值代替。替代过程由数据分析软件自行完成，具体操作如下。

（1）将数据库中的空白项（其值通常为-1）设定为系统默认值。

（2）用同一问题所有有效数据的均值替代这些系统默认值。

5.1.3 测量指标净化

测量指标净化是对数据质量的初步检验，具体内容包括项目相关度分析和单一纬度性检验。

1. 项目相关度分析

项目相关度是指对于测量同一个因子的所有测量指标而言，每一个测量指标与其他所有测量指标之和的相关系数。项目相关度越高，用以测量同一个构件的各个测量指标间的耦合性越好。

通常来讲,纠正后的项目相关度的经验临界值为 0.4,也就是说,当一个测量指标的项目相关度小于 0.4 时,就意味着该测量指标不能很好地与其他测量指标结合在一起反映该构件,应该被剔除。根据这一标准,本书剔除了一些与其他同类指标耦合不好的测量指标。

2. 单一维度性检验

单一维度性是指任意一个测量指标都只能反映唯一的构件,而不能同时反映多个构件。单一维度性检验需要满足两个要求:第一,任意一个测量指标在所测量的构件上都具有显著的因子载荷;第二,任意一个构件都不存在交叉载荷,即同一个测量指标不能既在构件 A 上具有显著的因子载荷,又在构件 B 上具有显著的因子载荷。

本书采用探索性因子分析的方法来检验测量指标的单一维度性。首先,对所有构件分别进行探索性因子分析,剔除因子载荷小于 0.4 的测量指标;随后,将模型中的所有构件一起进行探索性因子分析,剔除具有交叉载荷的测量指标。

5.2 信度与效度分析

在对数据进行初步处理之后,就要进行信度与效度分析。信度与效度是评估研究工作的重要指标。

5.2.1 信度分析

信度分析表示对于同样的研究对象,运用相同的观测方法得出相似观测数据(结果)的可能性,它表示的是测量结果的重复性,以及数据域平均值的差异程度。信度可以直观地测量,常用的信度指标有三类:稳定性、等值性和内部一致性。

1. 稳定性

同一个受测者多次对同一种测量工具（如问卷）做出回答，若多次测试的结果一致，则这种测量就具有稳定性。稳定性主要测量测试结果是否受到其他客观因素的影响，常用于实地研究的直接观测法中。

2. 等值性

不同受测者对同一测试项目的测试结果的差异越小，测试项目的等值性越高。等值性常用于发现被调查者的类别差异。然而，等值性并非总是越高越好。

3. 内部一致性

内部一致性是衡量某一测量指标与测量同一变量的其他测量指标的相关程度的一种重要指标，它关注的是不同测试项目所带来的测试结果的差异。

Cronbach's α系数是目前应用最广的评价变量信度的指标，其计算公式为

$$\alpha = \frac{k \times \overline{\text{Cov}} / \overline{\text{Var}}}{1 + (k-1)\overline{\text{Cov}} / \overline{\text{Var}}} \tag{5-1}$$

式中，k——测量指标的数量；

$\overline{\text{Cov}}$——测量指标的平均协方差；

$\overline{\text{Var}}$——测量指标的平均方差。

如果测量指标都标准化为同方差，则式（5-1）可简化为

$$\alpha = \frac{k \times \bar{r}}{1 + (k-1)\bar{r}} \tag{5-2}$$

式中，$\bar{r}$——测量指标间的平均相关量，即所有测量指标两两积矩相关系数的平均数。

α的取值范围为0~1，α值越接近1，变量的信度越高。一般来说，测量同一个构件的全部测量指标的α值都应该在0.7以上。

除此之外，本书还计算了所有构件的组合信度（Composite Reliability，CR）的值。组合信度指一个组合变量（由多于一个变量的总和做成的新变量）的信度，其计算公式为

$$CR = \frac{\left(\sum_{i=1}^{k} \lambda_i\right)^2}{\left(\sum_{i=1}^{k} \lambda_i\right)^2 + \sum_{i=1}^{k} e_i} \quad (5\text{-}3)$$

式中，k——测量指标的个数。

λ_i——第 i 个测量指标的因子载荷；

e_i——第 i 个测量指标的测量误差。

与 Cronbach's α 系数一样，CR 值越大，变量的信度越高。一般认为，CR 值应当在 0.7 以上。

表 5-1 给出了本书涉及的变量的 Cronbach's α 系数和 CR 的值，从表 5-1 中可以看出所有变量的 Cronbach's α 系数和 CR 的值均大于 0.7，表明本书所涉及的所有构件都具有很高的信度。

表 5-1　Cronbach's α、因子载荷、AVE 和 CR

测　量　指　标	Cronbach's α	因子载荷	AVE	CR
高层管理人员间的人际关系（TM）	0.62		0.72	0.84
TM1：该分销商（制造商）的领导和我们企业的领导经常相互邀请对方参加自己企业的年终晚（或午）餐及其他活动		0.85		
TM2：该分销商（制造商）的领导与我们企业的领导很熟		0.85		
中层销售/采购经理间的人际关系（SB）	0.63		0.72	0.84
SB1：该分销商（制造商）的采购（销售）代表和我们企业的员工之间的关系很好		0.85		
SB2：该分销商（制造商）的采购（销售）代表和我们企业的员工经常一起度过业余时间		0.85		
沟通（C）	0.95		0.87	0.96
C1：我们会把需求的变化提前告知该分销商（制造商）		0.91		
C2：我们与该分销商（制造商）共享拥有的信息		0.93		
C3：我们与该分销商（制造商）都认为应该提供任何对对方有益的信息		0.94		
C4：我们与该分销商（制造商）都认为应该相互告知可能影响对方的事件和变化		0.94		
知识共享（KS）	0.89		0.70	0.92
KS1：我们从该分销商（制造商）那里获取了许多关于替代产品的知识		0.77		

续表

测 量 指 标	Cronbach's α	因子载荷	AVE	CR
KS2：我们从该分销商（制造商）那里获取了许多关于本产品竞争者的优势的知识		0.89		
KS3：我们从该分销商（制造商）那里获取了许多关于市场未来发展潜力的知识		0.88		
KS4：我们从该分销商（制造商）那里获取了许多关于市场营销的知识		0.85		
KS5：我们及时地从该分销商（制造商）那里获取了与我们的竞争者有关的知识		0.79		
冲突解决（CF）	0.91		0.85	0.94
CF1：当与该分销商（制造商）产生冲突时，我们设法通过交换完整和准确的信息来解决冲突		0.92		
CF2：当与该分销商（制造商）产生冲突时，我们通过淡化彼此间的差异和强调共同的利益来解决冲突		0.93		
CF3：当与该分销商（制造商）产生冲突时，我们通过双方共同的努力来解决冲突		0.91		
合作（Co）	0.93		0.78	0.95
Co1：我们与该分销商（制造商）建立了有效的销售合作团队		0.87		
Co2：我们与该分销商（制造商）相互派驻了一些技术和管理人员		0.79		
Co3：我们与该分销商（制造商）之间积极传递和提供相关的产品、技术及市场资料		0.93		
Co4：通过对我们企业的观察和参观，该分销商（制造商）能够获得相关的知识		0.91		
Co5：我们和该分销商（制造商）共同对他们的销售人员进行了一定的培训		0.90		
关系信任（RT）	0.92		0.76	0.94
RT1：我们相信该分销商（制造商）不会向我们提出过分的要求		0.82		
RT2：我们相信该分销商（制造商）真诚地关心我们的成功		0.87		
RT3：我们相信该分销商（制造商）不会做出损害我们利益的事情		0.90		
RT4：我们相信该分销商（制造商）会公正地对待我们		0.89		
RT5：我们相信该分销商（制造商）在我们遇到困难时愿意提供帮助		0.87		

续表

测量指标	Cronbach's α	因子载荷	AVE	CR
关系满意（RS）	0.93		0.78	0.95
RS1：我们和该分销商（制造商）的交易关系非常友善		0.90		
RS2：该分销商（制造商）很婉转地表达其批评意见		0.86		
RS3：我们和该分销商（制造商）在商务往来中互相尊重		0.91		
RS4：该分销商（制造商）经常告诉我们一些他们认为我们应当知道的事情		0.91		
RS5：该分销商（制造商）经常向我们解释其制定相关政策的理由		0.84		
关系承诺（RC）	0.92		0.76	0.94
RC1：我们感觉和该分销商（制造商）是一家人，因此我们愿意和他们继续保持交易关系		0.84		
RC2：即使其他分销商（制造商）提供更好的交易条件，我们也不愿意终止和该分销商（制造商）的交易关系		0.86		
RC3：我们和该分销商（制造商）具有相似的经营理念，因此我们愿意和他们继续保持交易关系		0.90		
RC4：我们忠于该分销商（制造商），因此我们愿意和他们继续保持交易关系		0.89		
RC5：考虑到与该分销商（制造商）多年来的交往，我们觉得应该和他们继续保持交易关系		0.88		
企业规模：①小于100人；②100～500人；③501～1500人；④1501～5000人；⑤5000人以上					
企业类型：①完全国有；②合资企业；③完全私有；④其他（填写）					
销售量：①不足1千万元；②1千万～5千万元（含）；③5千万～2亿元（含）；④2亿～10亿元（含）；⑤10亿元以上					
关系持续时间：_____年					

5.2.2 效度分析

效度即有效性，它是指测量工具或手段能够准确测出所需测量的事物的程度。"效度判断的是度量结果是否真正是研究人员所预期的结果，指数据与理想值的差异程度，测量结果与要考察的内容越吻合，效度越高；反之，则效度越低"。

在效度分析中，经常用到的指标有内容效度、收敛效度和判别效度。

1. 内容效度

内容效度也称逻辑效度，是指研究对需调查的内容或行为范围取样的适当程度。在本书中,测量构件所选用的测量指标大部分为已被国外学者证实的现有成熟量表中的测量指标,且调查对象为界定好的我国家电行业中具有代表性的样本,因此本书具有很高的内容效度。

2. 收敛效度

收敛效度检验的是所用到的测量指标是否集中反映了所要测量的构件或因子,以及是否存在交叉载荷的问题。本书采用了 3 种方法来检验测量指标的收敛效度。

(1)在测量指标净化的单一维度性检验过程中,已经进行了针对所有构件的探索性因子分析,确保了所用到的测量指标不存在交叉载荷。

(2)分别从双边和总体上计算了所有测量指标的因子载荷,结果均在 0.7 以上,说明因子具有良好的收敛效度。

(3)AVE(Average Variance Extracted)值。AVE 值为平均提取的方差值,其计算公式为

$$\text{AVE} = \frac{\sum_{i=1}^{k}(\lambda_i)^2}{\sum_{i=1}^{k}(\lambda_i)^2 + \sum_{i=1}^{k}e_i} \tag{5-4}$$

式中,k——测量指标的个数。

λ_i——第 i 个测量指标的因子载荷;

e_i——第 i 个测量指标的测量误差。

AVE 值越大,表明测量指标之间的耦合性越强。通常来讲,AVE 值在 0.5 以上,就表明构件具有很好的收敛效度。本书也计算了所有构件的 AVE 值,如表 5-1 所示。由表 5-1 可知,研究涉及所有测量指标的 AVE 值都大于 0.7(远大于判定临界值 0.5)。

由以上三点可知,本书所选取的测量指标均具有很强的收敛效度。

3. 判别效度

判别效度是指不同构件间可以有效区分。判别效度可以有 3 种不同的检验方法。

本书中涉及的所有构件两两任意组合,在每一组中,记录两个构件的测量指标分别隶属于相应构件时的卡方值与自由度值,以及将两个构件的所有测量指标隶属于一个构件时的卡方值与自由度值,若卡方值在该自由度值变化的程度上出现了显著性的变化,则构件间具有显著性的差异,可以有效区分。

比较构件 AVE 的平方根和该构件与其他构件的相关系数,如果 AVE 的平方根大于其与其他构件的相关系数,则表明该构件具有良好的判别效度。由表 5-1 和表 5-3 可以看出,任一构件的 AVE 平方根均大于其与其他构件的相关系数,这表明构件具有很好的判别效度。

任意挑选两个构件,计算它们的相关系数的 95%的置信区间,若区间不包含 1,则表明构件间可以有效区分,判别效度高。

同时,为了验证所有构件的单一维度性,本书还按照 Jap 和 Ganesan(2000)的方法对构件进行了一系列验证性因子分析。

首先,对于模型中的所有一阶因子,按照其含义的相近性将其分为两组:第一组包括高层管理人员间的人际关系、中层销售/采购经理间的人际关系,以及它们的交互项;第二组包括沟通、知识共享、冲突解决及合作。对这两组构件分别进行验证性因子分析。

随后,对模型中的二阶因子——关系质量的 3 个一阶因子(信任、满意、承诺)单独进行验证性因子分析。所有验证性因子分析的结果都表明构件可有效区分,也再次验证了构件具有很好的信度和效度。验证性因子分析的结果如表 5-2 所示。

表 5-2 验证性因子分析的结果

拟合指数	第一组	第二组	第三组	解释与说明
χ^2	5.12	219.12	161.79	
χ^2/df	1.28	1.99	1.94	大于 1 小于 3,说明模型拟合好
GFI	0.99	0.90	0.91	大于 0.9,说明模型拟合较好
AGFI	0.97	0.86	0.87	接近 0.9,说明模型拟合较好
RMSEA	0.03	0.06	0.06	小于 0.08,说明模型拟合较好
NFI	0.98	0.94	0.94	大于 0.9,说明模型拟合较好
IFI	0.99	0.97	0.97	大于 0.9,说明模型拟合较好
TLI	0.99	0.96	0.96	大于 0.9,说明模型拟合较好

5.3 数据的描述性统计分析

在完成测量指标的初步净化及信度与效度分析之后，本书利用 SPSS 软件对数据进行了描述性统计分析，得到表 5-3。

表 5-3 均值、标准差与相关系数表

	高层管理人员间的人际关系	中层销售/采购经理间的人际关系	沟通	知识共享	冲突解决	合作	信任	满意	承诺	企业规模	销售额	企业类型	关系持续时间
高层管理人员间的人际关系	1.00												
中层销售/采购经理间的人际关系	0.62**	1.00											
沟通	0.44**	0.50**	1.00										
知识共享	0.34**	0.41**	0.49**	1.00									
冲突解决	0.34**	0.30**	0.51**	0.37**	1.00								
合作	0.41**	0.44**	0.50**	0.47**	0.39**	1.00							
信任	0.16**	0.28**	0.39**	0.47**	0.37**	0.42**	1.00						
满意	0.45**	0.44**	0.60**	0.49**	0.54**	0.55**	0.55**	1.00					
承诺	0.43**	0.45**	0.31**	0.26**	0.30**	0.34**	0.42**	0.49**	1.00				
企业规模	0.04	−0.03	0.10	−0.03	0.03	−0.10	0.02	0.07	0.04	1.00			
销售额	0.17	0.02	0.17	0.03	0.11*	0.05	0.08	0.11	0.08	0.67**	1.00		
企业类型	0.07**	0.11*	−0.02*	−0.01	−0.02	−0.02	0.13*	0.06	0.23**	−0.09	−0.13**	1.00	
关系持续时间	0.02	−0.07	−0.10	−0.01	−0.07	−0.03	0.01	−0.03	0.10	0.10	0.16**	0.02	1.00
均值	5.28	4.98	5.56	5.33	5.39	5.00	5.62	5.58	5.42	2.82	3.29	3.33	5.44
标准差	0.90	1.05	0.84	0.76	0.86	1.10	0.71	0.74	0.82	1.11	1.05	0.93	2.25

注：*表示 $p<0.05$，**表示 $p<0.01$。

从表 5-3 中可以看出，构件间具有一定的相关性，但构件间的区分度还是比较好的，样本数据也呈现出正态分布的特点。需要说明的是，相关系数仅仅反映了数据间的原始相关性，但由于相关系数通常反映了两个测量指标通过多种途径的综合相关关系，因此相关系数的正负和显著性程度只能作为分析结果的参考，而没有过多的强制意义。

5.4 概念模型和假设检验

5.4.1 准备工作

在分析数据验证概念模型和假设之前，本书主要做了两项准备工作：一是验证采用均值方法的合理性；二是生成高层管理人员间的人际关系与中层销售/采购经理间的人际关系的交互项。

由于本书采用的是结构方程模型的分析方法，因此构件的每一个测量指标都会出现在运行过程中，对于每一个具体的测量指标，本书把制造商和分销商的数据进行算术平均，用均值来代替双边交易过程中该测量指标的水平。为了验证采用均值方法的合理性，本书按照 James 等人（1984）的方法计算出每一个构件的 Rwg 值，Rwg 值表示问卷填写双方对相同构件的协议指数，取值范围为 0～1，Rwg 值越接近 1，表示双方对构件感知的相似度越高，反之，则越低。从计算结果中可以看出，Rwg 值的范围为 0.82～0.95（见表 5-4），表示本书调查的制造商和分销商对相同构件的感知具有很高的相似度，从而间接证明了采用均值方法的合理性。同时，本书也将考虑了 Rwg 值的模型（模型中的每个变量取均值后与 Rwg 值相乘）与未考虑 Rwg 值的模型（模型中的每个变量取均值后不与 Rwg 值相乘）进行了对比，发现二者在模型整体拟合和假设检验方面都没有显著差异，再次验证了采用均值方法的合理性。

表 5-4 构件的 Rwg 值

构件	高层管理人员间的人际关系	中层销售/采购经理间的人际关系	沟通	知识共享	冲突解决	合作	信任	满意	承诺
Rwg 值	0.85	0.82	0.93	0.94	0.91	0.92	0.95	0.95	0.94

因为本书要探讨不同级别边界人员间的人际关系同时存在时的情况,所以要生成高层管理人员间的人际关系与中层销售/采购经理间的人际关系的交互项。生成的方法是分别求出两个级别边界人员间的人际关系所有测量指标的均值,分别对其进行中心化处理,再将中心化处理后的均值相乘。

5.4.2 检验过程与结果

经过两步准备工作之后就可以进行假设检验了。本书的假设共有3组,下面介绍每一组假设具体的检验过程。

1. 假设组1

假设组1共包含H1a、H1b、H2a、H2b四个子假设,分别就边界人员的4种跨界行为(沟通、知识共享、冲突解决及合作)对边界人员间的人际关系到组织间关系的中介作用进行假设。在第4章中已经指出,在结构方程模型中,中介变量的检验需要分3步完成,如表5-5所示。

表5-5 假设检验:结构方程模型的结果

模型整体拟合							
模型	χ^2	df	$\chi^2_{diff}(df_{diff})$	CFI	GFI	RMSEA	NFI	IFI
模型1	303.63	219	比较基准	0.98	0.90	0.04	0.92	0.98
模型2	865.73	624	562.1*** (405)[a]	0.97	0.86	0.04	0.90	0.97
模型3	864.23	621	560.6*** (402)[b]	0.97	0.86	0.04	0.89	0.97

路径	模型1	模型2	模型3
高层管理人员间的人际关系—关系质量	0.36***(0.13)		0.18(0.18)(ns)
中层销售/采购经理间的人际关系—关系质量	0.34***(0.09)		0.33(0.43)(ns)
高层管理人员间的人际关系×中层销售/采购经理间的人际关系[c]—关系质量	0.08**(0.03)		0.04(0.05)(ns)
高层管理人员间的人际关系—沟通		0.54***(0.12)[α_1]	0.51***(0.11)
高层管理人员间的人际关系—知识共享		0.44***(0.12)[α_2]	0.42***(0.12)
高层管理人员间的人际关系—冲突解决		0.71***(0.16)[α_3]	0.66***(0.16)
高层管理人员间的人际关系—合作		0.52***(0.15)[α_4]	0.49***(0.15)
中层销售/采购经理间的人际关系—沟通		1.20***(0.26)[β_1]	1.23***(0.27)

续表

路径		模型1	模型2	模型3
中层销售/采购经理间的人际关系—知识共享			1.01***(0.25)[β_2]	1.03***(0.26)
中层销售/采购经理间的人际关系—冲突解决			1.17***(0.29)[β_3]	1.19***(0.30)
中层销售/采购经理间的人际关系—合作			1.47***(0.33)[β_4]	1.51***(0.34)
$\alpha_1<\beta_1$				p=0.03**
$\alpha_2<\beta_2$				p=0.04**
$\alpha_3<\beta_3$				p=0.18 (ns)
$\alpha_4<\beta_4$				p=0.01***
高层管理人员间的人际关系×中层销售/采购经理间的人际关系—沟通			0.04(0.05) (ns)	0.04(0.05) (ns)
高层管理人员间的人际关系×中层销售/采购经理间的人际关系—知识共享			0.11+(0.06)	0.10+(0.06)
高层管理人员间的人际关系×中层销售/采购经理间的人际关系—冲突解决			0.24***(0.07)	0.23***(0.07)
高层管理人员间的人际关系×中层销售/采购经理间的人际关系—合作			0.27***(0.07)	0.26***(0.07)
沟通—关系质量			0.04(0.08) (ns)	−0.15(0.29) (ns)
知识共享—关系质量			0.12+(0.07)	0.14**(0.07)
冲突解决—关系质量			0.17***(0.05)	0.13**(0.06)
合作—关系质量			0.13***(0.04)	0.10**(0.05)
控制变量的效果	企业规模—关系质量	0.04(0.03) (ns)	0.05**(0.02)	0.05**(0.03)
	销量—关系质量	−0.02(0.04) (ns)	−0.02(0.02) (ns)	−0.01(0.03) (ns)
	企业类型—关系质量	0.04(0.03) (ns)	0.06***(0.02)	0.07***(0.02)
	关系持续时间—关系质量	0.01(0.01) (ns)	0.01(0.01) (ns)	−0.00(0.02) (ns)

注：+表示$p<0.1$，**表示$p<0.05$，***表示$p<0.01$；括号中的数字表示标准差，ns表示不显著；a表示模型1与模型2的差；b表示模型1与模型3的差；c表示高层管理人员间的人际关系与中层销售/采购经理间的人际关系的交互项。

第一步，将自变量（高层管理人员间的人际关系、中层销售/采购经理间的人际关系，以及高层管理人员间的人际关系与中层销售/采购经理间的人际关系的交互项）和因变量（关系质量）放入结构方程模型中，检验自变量对因变量的直接作用，结果如模型1所示。

结果显示，高层管理人员间的人际关系、中层销售/采购经理间的人际关系及其交互项对组织间关系质量都具有显著的正向作用（β=0.36，$p<0.01$；β=0.34，

$p<0.01$；$\beta=0.08$，$p<0.05$）。

第二步，将4个中介变量（沟通、知识共享、冲突解决、合作）放入结构方程模型中，检验自变量到中介变量，以及中介变量到结果变量的作用，结果如模型2所示。

结果显示，高层管理人员间的人际关系对沟通（$\beta=0.54$，$p<0.01$）、知识共享（$\beta=0.44$，$p<0.01$）、冲突解决（$\beta=0.71$，$p<0.01$）、合作（$\beta=0.52$，$p<0.01$）具有显著的正向作用；中层销售/采购经理间的人际关系对沟通（$\beta=1.20$，$p<0.01$）、知识共享（$\beta=1.01$，$p<0.01$）、冲突解决（$\beta=1.17$，$p<0.01$）、合作（$\beta=1.47$，$p<0.01$）也具有显著的正向作用；高层管理人员间的人际关系、中层销售/采购经理间的人际关系的交互项对沟通的正向作用不显著（$\beta=.04$，$p>0.1$），对知识共享（$\beta=0.11$，$p<0.1$）、冲突解决（$\beta=0.24$，$p<0.01$）、合作（$\beta=0.27$，$p<0.01$）都有显著的正向作用；沟通对关系质量的正向作用不显著（$\beta=0.04$，$p>0.1$），知识共享（$\beta=0.12$，$p<0.1$）、冲突解决（$\beta=0.17$，$p<0.01$）、合作（$\beta=0.13$，$p<0.01$）都对关系质量具有显著的正向作用。

第三步，在第二步的基础上添加自变量对因变量的直接作用，结果如模型3所示。

结果发现，原本在第一步中自变量对因变量显著的正向作用都变得不显著了（$p>0.1$），从而验证了沟通、知识共享、冲突解决、合作的完全中介作用，即验证了沟通、知识共享、冲突解决、合作是中介变量。由此，子假设H1a、H1b、H2a、H2b均得到支持。

模型2与模型3的各项拟合指数很接近，但是经过比较卡方值和自由度值，发现模型2更优。

2. 假设组2

假设组2共包含H3a、H3b、H4a、H4b四个子假设，内容是关于高层管理人员间的人际关系、中层销售/采购经理间的人际关系的交互作用的，从表5-5中模型2的结果中可以看出，高层管理人员间的人际关系、中层销售/采购经理间的人际关系的交互作用对知识共享、冲突解决、合作具有显著的正向作用，但对沟通的正向作用不显著（$p>0.1$），从而部分证明了不同级别边界人员间的人际关系具有互补关系。因此，子假设 H3a 部分成立，子假设 H3b、H4a、H4b 完全成立。

3. 假设组 3

假设组 3 共包含 H5a、H5b、H6a、H6b 四个子假设，内容为中层销售/采购经理间的人际关系比高层管理人员间的人际关系对边界人员的跨界行为具有更大的促进作用。假设组 3 的验证用到了结构方程模型的方程比较功能，首先，在模型最终调试好之后，记录模型的卡方值和自由度值；其次，建立一个新的模型，在新的模型中设置需要比较的两个路径的影响系数相等，记录此时的卡方值和自由度值；最后，根据两次记录的卡方值差和自由度值进行模型比较，如果两个模型具有显著的差别（$p<0.1$），即比较的两个路径的影响系数不相等，具有显著的差异；反之，两个路径的影响系数相等。

由表 5-5 中模型 3 的检验结果可以看出，两个级别边界人员间的人际关系除对冲突解决的影响系数没有显著差异外（$p>0.1$），其对沟通、知识共享和合作的影响系数都是有显著差异的，中层销售/采购经理间的人际关系对边界人员的跨界行为的促进作用要大于高层管理人员间的人际关系对边界人员的跨界行为的促进作用。由此，子假设 H5a、H5b、H6b 完全成立；子假设 H6a 部分成立。

第 6 章

结论与启示

随着中国等新兴市场参与世界经济能力的不断提升,新兴市场在国际经济网络中的地位越来越高,因此新兴市场上的经济规则和交易特征开始受到越来越多经济实践者和理论研究者的重视。新兴市场的经济与科技迅猛发展,经济活动不断增多,但这些新兴市场上的经济制度、法律环境的发展无法跟上其经济发展的需要,存在很多漏洞和不健全之处,一些社会联系(如人际关系)在这些新兴市场上往往扮演着重要的角色。现有的社会网络、社会资本等领域的研究都指出人际关系对组织绩效和组织间关系具有一定的正面影响作用,但是这些研究只关注了高层管理人员间的人际关系,而忽视了同样参与组织业务及对组织互动有重要影响作用的中层销售/采购经理间的人际关系,并且对人际关系对组织间关系的影响路径也界定得较为模糊。

针对以上问题,本书基于跨界理论的研究视角在渠道情境下提出了一个整合的模型,同时研究了高层管理人员间的人际关系与中层销售/采购经理间的人际关系对组织间关系的作用,指出了人际关系到组织间关系质量的中介变量,并进一步比较了不同级别边界人员间的人际关系对中介变量的作用大小,以及它们同时存在时的联合作用。

在提出概念模型和假设后,本书选择了具有代表性的我国家电行业中的制造商-分销商的一对一关系作为研究对象,采用问卷调查法共收集了 225 对配对样本,利用结构方程模型的分析方法对概念模型和假设进行检验。本书发现:不论是高层管理人员间的人际关系还是中层销售/采购经理间的人际关系都能通过促进边界人员的跨界行为(组织间的行为互动)来提高组织间关系质量;当不同级别边界人员间的人际关系同时存在时,它们对边界人员的跨界行为(组织间的行为互动)的促进作用要大于单个级别边界人员间的人际关系;相比于高层管理人员间的人际关系,中层销售/采购经理间的人际关系对边界人员的跨界行为(组织间的行为互动)的促进作用更大。

数据检验的绝大多数结果支持本书的概念模型和假设,研究的结论再次验证了社会网络、社会资本等理论关于人际关系能改善组织间关系的观点;丰富了渠道管理和跨界理论的相关文献,对企业实践者有效管理人际关系、增进组织间关系具有一定的理论与实践指导意义。

6.1 主要结论

本书针对特定的研究问题共提出了 3 组 12 个假设,根据数据检验的结果可以得出以下结论。

结论 1:边界人员的信息处理行为完成了组织间的沟通和知识共享,知识共享是边界人员间的人际关系对组织间关系的中介变量,即边界人员间的人际关系通过促进组织间的知识共享进而改善了组织间关系,但是沟通不存在这样的中介作用。

结论 2:边界人员的外部代表行为完成了组织间的冲突解决和合作,冲突解决和合作都能完全充当边界人员间的人际关系到组织间关系的中介变量,也就是说,边界人员间的人际关系会促进组织妥善解决冲突和进行有效的合作,从而进一步改善组织间关系。

结论 3:当组织的高层管理人员与中层销售/采购经理同时与交易伙伴处于相

同级别的边界人员具有人际关系时，两个级别边界人员的人际关系对组织间的知识共享的促进作用会略微增大，但是没有明显增大对组织间的沟通的促进作用。

结论 4：当组织的高层管理人员与中层销售/采购经理同时与交易伙伴处于相同级别的边界人员具有人际关系时，两个级别边界人员的人际关系会比任何单个级别边界人员间的人际关系对组织间的冲突解决与合作产生更大的促进作用，也就是说，在促进组织间的冲突解决与合作方面，两个级别边界人员间的人际关系具有互补的作用。

结论 5：相比于高层管理人员间的人际关系，中层销售/采购经理间的人际关系对组织间的沟通与知识共享的促进作用更大。

结论 6：相比于高层管理人员间的人际关系，中层销售/采购经理间的人际关系对组织间的合作的促进作用更大，但是对组织间的冲突解决的促进作用没有显著的增大。

从总体上说，本书很好地达到了预期的目的。通过对各假设的深入讨论，本书不仅对现有研究的一些观点提供了实证支持，还从新的视角提出了一些新的观点。因此，本书不但丰富了现有研究的成果，而且深化和拓展了现有理论研究，对我国企业的营销实践具有一定的指导意义。

6.2 创新点和贡献

本书在制造商-分销商的一对一关系中，构建了包括不同级别边界人员间的人际关系、组织间行为互动及组织间关系质量在内的分析框架；基于跨界理论的分析视角，提出了一个整合的概念模型，识别出了边界人员间的人际关系对组织间关系质量的具体影响路径；研究了不同级别边界人员间的人际关系对组织间行为互动促进作用的联合作用，并比较了不同级别边界人员间的人际关系对组织间行为互动促进作用的相对大小。这些结论针对中国渠道管理实践，弥补了现有研究的不足，丰富了现有研究的结论，对指导我国企业改善组织间关系具有一定的现实意义。

与现有研究相比，本书的创新点与贡献主要体现在如下几个方面。

第一，本书在渠道情境下探讨了边界人员间的人际关系对组织间关系的具体影响路径。研究结果显示，边界人员间的人际关系是通过影响组织在沟通、知识共享、冲突解决及合作方面的行为互动进而改善组织间关系的。

现有研究中关于人际关系对组织间关系的影响作用有两种不同的观点。一种观点与社会网络和社会资本理论一致，它认为良好的人际关系能够增进组织的信任；缩短组织间的距离，加快组织间联盟关系形成的进度；降低组织间联盟关系的风险和不确定性；有效缓解组织间的竞争关系，预防组织间关系发生变动。另一种观点（如市场效率逻辑）则认为，由于个人目标与组织目标的不一致性，过度重视人际关系会因个人目标与组织目标不一致而引发利益冲突；使组织碍于个人情面而不易终结组织间的不良联盟关系，从而增加组织间的代理与交易成本，对联盟内的组织间关系产生负面影响。本书在渠道情境下的研究结果显示，在制造商-分销商的一对一关系中，良好的人际关系对组织间关系具有正向的促进作用，从而支持和发展了第一种观点。

此外，现有研究多数关注人际关系到组织间关系的直接作用，对其中的具体影响路径和中介变量的讨论较少。本书通过引入跨界理论的分析视角，切实证明了边界人员间的人际关系是通过影响组织在沟通、知识共享、冲突解决及合作方面的行为互动进而改善组织间关系的。研究结果既扩展了跨界理论的研究范围，又为从新的理论视角研究人际关系与组织间关系引入了新的中介变量。

第二，本书按照边界人员在组织中位置与职能的不同，将边界人员划分为高层管理人员与中层销售/采购经理，并探讨了两个级别边界人员间的人际关系同时存在时，它们对组织在沟通、知识共享、冲突解决及合作方面的行为互动的联合作用。

组织的边界人员既包括高层管理人员，又包括中层销售/采购经理。高层管理人员是组织的总舵手，他们被赋予组织内部最高的决策权，负责制定组织发展战略、长期规划及任命与考核组织其他级别的人员；中层销售/采购经理是组织具体业务的实施者，他们切实参与组织间的业务互动，完成组织间信息与知识的传递，并在必要的时候解决组织间的矛盾。高层管理人员与中层销售/采购经理在日常工作中都有可能与交易伙伴相同级别的边界人员建立人际关系，并且他们之间的人际关系还可能同时存在于同一个交易关系中。然而，现有研究忽视了对这一问题的研究。本书的研究结果表明，当不同级别边界人员间的人际关系同时存在时，它们对组织在沟通、知识共享、冲突解决及合作方面的行为互动会产生协同效应。

第三，本书比较了高层管理人员间的人际关系与中层销售/采购经理间的人际关系对组织在沟通、知识共享、冲突解决及合作方面的行为互动的促进作用的相对大小。结果表明，中层销售/采购经理间的人际关系相比于高层管理人员间的人际关系对组织在沟通、知识共享及合作方面的行为互动有着更大的促进作用。这一结论对组织在具体实践中恰当分配组织资源、引导组织互动、改善组织间关系具有一定的指导意义。

从总体上说，本书通过对人际关系研究的追溯，深层次挖掘了人际关系的具体内涵，并将其按照边界人员在组织中的不同位置将其划分为高层管理人员间的人际关系与中层销售/采购经理间的人际关系。而后，本书构建了包括不同级别边界人员间的人际关系、组织间行为互动及组织间关系质量的概念模型，提出了假设，并利用从问卷调查中获得的数据对其进行测量与检验，弥补了现有研究采用单边数据测量双边人际关系的不足。本书的相关结论进一步丰富和发展了现有组织关系管理的相关文献，对理解人际关系在组织交易中的作用、引导组织合理利用人际关系与恰当分配组织资源提供了有益的理论指导。

6.3　理论意义

6.3.1　人际关系对组织间关系的促进作用——跨界的视角

从总体上说，本书的研究结果支持了在新兴市场环境下人际关系在管理组织间关系中具有重要作用的观点。在新兴市场环境下，关于人际关系对组织间关系的影响作用有两种不同的观点。一种观点与社会网络和社会资本理论一致,它认为良好的人际关系能够增进组织的信任;缩短组织间的距离,加快组织间联盟关系形成的进度;降低组织间联盟关系的风险和不确定性;有效缓解组织间的竞争关系,预防组织间关系发生变动。与此相反,另一种观点(如市场效率逻辑)则认为:由于个人目标与组织目标的不一致性,过度重视人际关系会因个人目标与组织目标不一致而引发利益冲突;使组织碍于个人情面而不易终结组织间不良的联盟关系,从而增加组织间的代理与交易成本,对联盟内的组织间关系产生负面影响。本书在渠道情境下的研究结果显示,在制造商-分销商的一对一关系中,良好的人际关系对组织间关系具有正向的促进作用,从而从跨界的视角支持和发展了上述第一种观点。与Li、Poppo和Zhou(2008)的发现相反,人际关系作为国外企业在中国市场上的战略工具,其过度使用最终会降低企业的经济回报。本书的研究结果显示,在组织间的二元交易关系中,人际关系作为非正式的关系治理机制在促进组织间关系中是非常重要的。

本书从跨界的视角证实了人际关系是如何被转化为组织层面的关系的。现有研究大部分只关注在新兴市场环境下人际关系对企业绩效的直接作用。本书的研究结果显示,边界人员间的人际关系是通过促进边界人员的跨界行为——信息处理(如沟通和知识共享)和外部代表(如冲突解决与合作)来改善组织间关系的。本书的研究结果为人际关系与组织间关系的微-宏观联系引入了新的中介变量。这种中介关系在理解互动交易中个人之间与组织之间的动态变化上都是重要的和必要的。

6.3.2 多级别的人际关系视角

本书通过检验不同级别边界人员间的人际关系的作用对社会网络理论做出了新的贡献。在新兴市场环境下对人际关系的现有研究多集中在高层管理人员间的人际关系上。然而,在实际中,边界人员有高层管理人员和中层销售/采购经理之分,因此本书在渠道情境下提出了一个整合的模型,同时研究了高层管理人员间的人际关系、中层销售/采购经理间的人际关系,并进一步探讨了当两个级别边界人员间的人际关系在同一个交易中同时存在时,二者的关系是互补的还是替代的。本书的研究结果显示，虽然两个级别边界人员间的人际关系都能促进组织的跨界绩效，进而提高交易双方对关系质量的感知，但每个级别边界人员间的人际关系的影响作用是有差异的。

第一，当不同级别边界人员间的人际关系同时存在时，二者会产生协同效应。尤其是，人际关系对外部代表（如冲突解决与合作）的跨界行为的正向作用在高层管理人员间的人际关系与中层销售/采购经理间的人际关系同时存在时要更大些。作为对比，两个级别边界人员间的人际关系在促进信息处理的跨界行为上的协同作用不是那么显著（微弱促进知识共享，对沟通的促进作用不显著）。高层管理人员间的非正式联系纽带可以帮助组织从交易伙伴那里获得需要的资源并有效防止交易伙伴的机会主义行为，可以有效解释人际关系对冲突解决（冲突因交易伙伴的机会主义行为产生）和合作（当资源整合成为必需时）的协同效应。

第二，不同级别边界人员间的人际关系通过边界人员的跨界行为影响组织间关系质量的作用大小是有差异的。本书的结果显示，与高层管理人员间的人际关系的作用相比，中层销售/采购经理间的人际关系在促进组织间在沟通、知识共享与合作方面的行为互动上的作用更大。这些通过对不同级别边界人员间的人际关系的整合分析，以及关于它们的联合作用和相对作用大小的发现，扩展了对不同级别边界人员间的人际关系各有特色的影响作用的理解，这些正是现有社会网络研究所缺乏的。合起来讲，通过调查不同级别边界人员间的人际关系在组织间交易中的作用机制，本书的研究丰富了社会网络理论在新兴市场环境下的研究。

6.4 管理启示

本书的研究结果为组织提供了若干管理启示。

第一，边界人员间的人际关系通过跨界机制促进组织在沟通、知识共享、冲突解决及合作方面的行为互动来提高组织间关系质量。这一研究结果告诉组织，如果组织想与交易伙伴维持良好的组织间关系，就要重视和鼓励其边界人员与交易伙伴对应级别的边界人员培养良好的人际关系。这一点对包括中国在内的新兴市场尤为重要,新兴市场低廉的成本和丰富的人力资源为其吸引了越来越多的外部投资,新兴市场的经济正在经历一个高度增长的时期,然而新兴市场上的经济制度、法律环境的发展无法跟上其经济发展的需要,存在很多漏洞和不健全之处,很多组织和个人忽视契约等正式治理机制的效力,将它们视为功能性的摆设,从而大大提高了组织在这一环境中的交易风险和不确定性。因此,组织可以将人际关系作为一项有效的治理机制来发展和维持自己与交易伙伴间有价值的交易关系。组织可以通过为已经拥有私人关系或联系的边界人员提供社交活动的方式来培养边界人员间良好的人际关系。

第二,本书的研究结果显示,与独立的作用效应相比,当高层管理人员间的人际关系与中层销售/采购经理间的人际关系同时存在时,它们对组织间的冲突解决和合作会产生协同效应。另外,与高层管理人员间的人际关系的作用相比,中层销售/采购经理间的人际关系对组织在沟通、知识共享及合作方面的行为互动有更大的促进作用。这一研究结果启示管理者,当组织拥有足够的资源时,应同时重视培养高层管理人员与中层销售/采购经理与交易伙伴对应级别的边界人员间的人际关系,尤其是预料到双方的交易关系会出现大量冲突及需要整合双方的资源进行合作时。这种对不同级别边界人员间的人际关系培养的重视将促进组织间正向的跨界行为互动,从而提高组织间关系质量。而在资源有限的情况下,组织应重点培养和关注其中层销售/采购经理与交易伙伴中层销售/采购经理间的人际关系,力求在有限的范围内尽可能多地促进与交易伙伴间的正向行为互动并提高组织间关系质量。

第三,本书表明边界人员间的人际关系与组织间关系质量具有一定的因果联系,但这种联系不是直接的而是间接的,边界人员间的人际关系是通过促进组织间的沟通、知识共享、冲突解决与合作这些中介行为的互动来提高组织间关系质量的。了解这种中介路径对组织具有一定的指导意义。它启示组织的管理者,边界人员间的人际关系并不能直接带来良好的组织间关系,要提高组织间关系质量,组织就要鼓励边界人员在沟通、知识共享、冲突解决与合作等方面的行为,并制定相应的优惠政策和流程,为边界人员提供更多的资源支持。当边界人员间存在人际关系时,组织也应引导边界人员的行为向有利于组织间的沟通、知识共享、冲突解决与合作的方向发展，利用边界人员间的人际关系中隐含的正向情感为组织间的沟通、知识共享、冲突解决与合作提供便利的条件和最大的支持，从而进一步提高组织间关系质量。

6.5 局限性和未来的研究方向

虽然本书达到了预期的目标，但也存在一定的局限性。

第一，本书中关于人际关系强度的计算是用制造商与分销商关于人际关系得分的均值来表示的。虽然本书已经证实过采用均值方法的合理性，但未来的研究也可考虑在不对称的关系结构下搜集双边数据（如权力、依赖不对等的情况），并且检验本书的结论是否在不同的权力结构下仍然成立（如制造商的权力>分销商的权力；制造商的权力<分销商的权力）。

第二，本书探讨了组织间两种不同级别边界人员间的人际关系对组织间行为互动和组织间关系质量的影响作用，但是并没有研究人际关系在初期的形成机制及其前因变量。因为人际关系是外生的而不是内生的，所以了解人际关系的形成机制及其前因变量对组织恰当管理人际关系、有效推动边界人员间的人际关系的建立具有重要的指导意义。未来的研究可以就人际关系的形成机制做深入探讨。

第三，未来的研究需要对本书提出的模型进行再加工。人际关系是一个复杂的概念，由其定义可知，人际关系是有别于商业关系的私人情感，其在商业交易中的作用发挥受到其所处市场的文化氛围、经济制度、法律体系等客观环境的约束。因此，在未来的研究中，还可以加入宏观层面的环境因素，以考察在不同的环境条件下，人际关系、组织间行为互动与组织间关系质量间的关系有何变化，以形成更加完善的研究模型。

第四，本书在探讨边界人员间的人际关系对组织间关系质量的影响作用时，并没有将组织间的关系阶段考虑在内。人际关系会随着组织间关系的发展阶段而发生动态变化。未来的研究可以研究边界人员间的人际关系在组织间关系的不同发展阶段中的作用。

第五,本书用来检验概念模型和假设的数据来自单一国家样本(仅限中国)。虽然使用单一国家样本可以控制国家宏观层面因素的差异对研究结果的干扰,但降低了研究结果在其他市场上的适用性。因此,未来的研究可以搜集多个国家的数据,检验结果在不同市场环境中的适用性,并对结果进行跨国家的比较。

第六,高级别边界人员间的人际关系与较低级别边界人员间的人际关系间可能存在因果关系。例如,高级别边界人员间的人际关系可以推动较低级别的边界人员之间建立人际关系,进而促进组织在业务知识方面的共享。此时,高级别边界人员间的人际关系对组织间的知识共享的促进作用就既有直接作用,又有间接作用。本书并没有进一步深入探讨不同级别边界人员间的人际关系的内在联系,这种内在联系的深入研究有助于组织更准确地把握人际关系对组织间关系的影响作用,同时也可能为本书中未通过数据验证的假设提供更为合理的解释。

第七,本书引入跨界理论作为分析视角,根据边界人员的基本职能将边界人员间的人际关系对组织间行为互动的影响作用界定在沟通、知识共享、冲突解决与合作4个方面。然而,在实践中,交易组织在其他方面很可能还存在行为互动,如竞争、权力使用等。而这些方面的行为互动是否也会受到边界人员间的人际关系的影响、是否也会对组织间关系质量起到提高的作用,也是未来研究的一个切入点。

附录 A

制造商问卷

填写说明

尊敬的先生/女士：

您好！非常感谢您在百忙中抽出宝贵的时间参与由"渠道关系管理"课题组开展的企业调查活动。

您所填写的信息不会被透漏给其他任何组织或个人，仅用于对中国渠道关系有关因素的宏观统计分析，不涉及对个别企业渠道关系的案例研究，我们郑重承诺会替您和您所在的企业保守秘密。同时，我们愿意将本次调查的研究结果与您共享，如有需要请注明（是/否）。

真诚地感谢您对中国工商管理学科发展的支持与帮助。谢谢！

基本信息

请您选择贵企业最近几次交易中一家方便联系的分销商。

该分销商的名称：

该分销商联系人的姓名：

该分销商的联系电话：

该分销商的联系地址：

请针对贵企业与该分销商的交易关系回答以下问题：

F1．您是否了解贵企业与该分销商的交易关系？

1．一点都不了解；2．了解很少；3．了解一些；4．了解；5．很了解

假如您的回答是 1、2 或 3，请更换一个了解与该分销商交易关系的人来填写，感谢您的协助。

F2．您本人参与该交易关系的时间为_____年。

01 贵企业的名称：	
02 贵企业的地址：	
03 贵企业所处的行业：	04 贵企业成立的时间：
05 贵企业的规模：①不足 100 人；②100～500 人；③501～1500 人；④1501～5000 人；⑤5000 人以上	
06 贵企业的销售量：①不足 1 千万元；②1 千万～5 千万元（含）；③5 千万～2 亿元（含）；④2 亿～10 亿元（含）；⑤10 亿元以上；	
07 贵企业的企业类型：①国有企业；②合资企业；③私人企业；④其他_____	
被调查者的信息	08 年龄：①30 岁及以下；②31～40 岁；③41～50 岁；④51 岁及以上
	09 所在部门： / 10 职务：
	11 担任该职务的年限： / 12 在贵企业工作的年限：
	13 文化程度：①高中以下；②高中或中专；③大专；④本科；⑤硕士研究生及以上
	14 您的姓名： 联系电话： E-mail：

下述描述是否符合贵企业的实际情况？请根据实际情况加以选择：1—完全不符合；2—基本不符合；3—不太符合；4—无所谓；5—部分符合；6—基本符合；7—完全符合

TM1 该分销商的领导和我们企业的领导经常相互 1 2 3 4 5 6 7
邀请对方参加自己企业的年终晚（或午）餐及
其他活动

TM2 该分销商的领导与我们企业的领导很熟 1 2 3 4 5 6 7

·133·

| SB1 | 该分销商的采购代表和我们企业的员工之间的关系很好 | 1 2 3 4 5 6 7 |
| SB2 | 该分销商的采购代表和我们企业的员工经常一起度过业余时间 | 1 2 3 4 5 6 7 |

下述描述是否符合贵企业的实际情况？请根据实际情况加以选择：1—完全不符合；2—基本不符合；3—不太符合；4—无所谓；5—部分符合；6—基本符合；7—完全符合

C1	我们会把需求的变化提前告知该分销商	1 2 3 4 5 6 7
C2	我们与该分销商共享拥有的信息	1 2 3 4 5 6 7
C3	我们与该分销商都认为应该提供任何对对方有益的信息	1 2 3 4 5 6 7
C4	我们与该分销商都认为应该相互告知可能影响对方的事件和变化	1 2 3 4 5 6 7

下述描述是否符合贵企业的实际情况？请根据实际情况加以选择：1—完全不符合；2—基本不符合；3—不太符合；4—无所谓；5—部分符合；6—基本符合；7—完全符合

KS1	我们从该分销商那里获取了许多关于替代产品的知识	1 2 3 4 5 6 7
KS2	我们从该分销商那里获取了许多关于本产品竞争者的优势的知识	1 2 3 4 5 6 7
KS3	我们从该分销商那里获取了许多关于市场未来发展潜力的知识	1 2 3 4 5 6 7
KS4	我们从该分销商那里获取了许多关于市场营销的知识	1 2 3 4 5 6 7
KS5	我们及时地从该分销商那里获取了与我们的竞争者有关的知识	1 2 3 4 5 6 7

下述描述是否符合贵企业的实际情况？请根据实际情况加以选择：1—完全不符合；2—基本不符合；3—不太符合；4—无所谓；5—部分符合；6—基本符合；7—完全符合

- CF1　当与该分销商产生冲突时，我们设法通过交换完整和准确的信息来解决冲突　　1　2　3　4　5　6　7

- CF2　当与该分销商产生冲突时，我们通过淡化彼此间的差异和强调共同的利益来解决冲突　　1　2　3　4　5　6　7

- CF3　当与该分销商产生冲突时，我们通过双方共同的努力来解决冲突　　1　2　3　4　5　6　7

下述描述是否符合贵企业的实际情况？请根据实际情况加以选择：1—完全不符合；2—基本不符合；3—不太符合；4—无所谓；5—部分符合；6—基本符合；7—完全符合

- Co1　我们与该分销商建立了有效的销售合作团队　　1　2　3　4　5　6　7

- Co2　我们与该分销商相互派驻了一些技术和管理人员　　1　2　3　4　5　6　7

- Co3　我们与该分销商积极传递和提供相关的产品、技术及市场资料　　1　2　3　4　5　6　7

- Co4　通过对我们企业的观察和参观，该分销商能够获得相关的知识　　1　2　3　4　5　6　7

- Co5　我们与该分销商共同对他们的销售人员进行了一定的培训　　1　2　3　4　5　6　7

下述描述是否符合贵企业的实际情况？请根据实际情况加以选择：1—完全不符合；2—基本不符合；3—不太符合；4—无所谓；5—部分符合；6—基本符合；7—完全符合

- RT1　我们相信该分销商不会向我们提出过分的要求　　1　2　3　4　5　6　7

- RT2　我们相信该分销商真诚地关心我们的成功　　1　2　3　4　5　6　7

RT3	我们相信该分销商不会做出损害我们利益的事情	1 2 3 4 5 6 7
RT4	我们相信该分销商会公正地对待我们	1 2 3 4 5 6 7
RT5	我们相信该分销商在我们遇到困难时愿意提供帮助	1 2 3 4 5 6 7

下述描述是否符合贵企业的实际情况？请根据实际情况加以选择：1—完全不符合；2—基本不符合；3—不太符合；4—无所谓；5—部分符合；6—基本符合；7—完全符合

RS1	我们和该分销商的交易关系非常友善	1 2 3 4 5 6 7
RS2	该分销商很婉转地表达其批评意见	1 2 3 4 5 6 7
RS3	我们和该分销商在商务往来中互相尊重	1 2 3 4 5 6 7
RS4	该分销商经常告诉我们一些他们认为我们应当知道的事情	1 2 3 4 5 6 7
RS5	该分销商经常向我们解释其制定相关政策的理由	1 2 3 4 5 6 7

下述描述是否符合贵企业的实际情况？请根据实际情况加以选择：1—完全不符合；2—基本不符合；3—不太符合；4—无所谓；5—部分符合；6—基本符合；7—完全符合

RC1	我们感觉和该分销商是一家人，因此我们愿意和他们继续保持交易关系	1 2 3 4 5 6 7
RC2	即使其他分销商提供更好的交易条件，我们也不愿意终止和该分销商的交易关系	1 2 3 4 5 6 7
RC3	我们和该分销商具有相似的经营理念，因此我们愿意和他们继续保持交易关系	1 2 3 4 5 6 7
RC4	我们忠于该分销商，因此我们愿意和他们继续保持交易关系	1 2 3 4 5 6 7
RC5	考虑到与该分销商多年来的交往，我们觉得应该和他们继续保持交易关系	1 2 3 4 5 6 7

附录 B

分销商问卷

填写说明

尊敬的先生/女士：

您好！非常感谢您在百忙中抽出宝贵的时间参与由"渠道关系管理"课题组开展的企业调查活动。

您所填写的信息不会被透漏给其他任何组织或个人，仅用于对中国渠道关系有关因素的宏观统计分析，不涉及对个别企业渠道关系的案例研究，我们郑重承诺会替您和您所在的企业保守秘密。同时，我们愿意将本次调查的研究结果与您共享，如有需要请注明（是/否）。

真诚地感谢您对中国工商管理学科发展的支持与帮助。谢谢！

基本信息

请针对贵企业与制造商之间的关系回答以下问题：

F1. 您是否了解贵企业与该制造商的交易关系？

1．一点都不了解；2．了解很少；3．了解一些；4．了解；5．很了解

假如您的回答是 1、2 或 3，请更换一个了解与该制造商交易关系的人来填写，感谢您的协助。

F2. 您本人参与该交易关系的时间为_____年。

01 贵企业的名称：	
02 贵企业的地址：	
03 贵企业所处行业：	04 贵企业成立的时间：
05 贵企业的规模：①不足 100 人；②100～500 人；③501～1500 人；④1501～5000 人；⑤5000 人以上	
06 贵企业的销售量：①不足 1 千万元；②1 千万～5 千万元（含）；③5 千万～2 亿元（含）；④2 亿～10 亿元（含）；⑤10 亿元以上	
07 贵企业的企业类型：①国有企业；②合资企业；③私人企业；④其他_____	
被调查者的信息	08 年龄：①30 岁及以下；②31～40 岁；③41～50 岁；④51 岁及以上
	09 所在部门： / 10 职务：
	11 担任该职务的年限： / 12 在贵企业工作的年限：
	13 文化程度：①高中以下；②高中或中专；③大专；④本科；⑤硕士研究生及以上
	14 您的姓名：　　　联系电话：　　　E-mail：

下述描述是否符合贵企业的实际情况？请根据实际情况加以选择：1—完全不符合；2—基本不符合；3—不太符合；4—无所谓；5—部分符合；6—基本符合；7—完全符合

TM1	该制造商的领导和我们企业的领导经常相互邀请对方参加自己企业的年终晚（或午）餐及其他活动	1 2 3 4 5 6 7
TM2	该制造商的领导与我们企业的领导很熟	1 2 3 4 5 6 7
SB1	该制造商的销售代表和我们企业的员工之间的关系很好	1 2 3 4 5 6 7
SB2	该制造商的销售代表和我们企业的员工经常一起度过业余时间	1 2 3 4 5 6 7

下述描述是否符合贵企业的实际情况？请根据实际情况加以选择：1—完全不符合；2—基本不符合；3—不太符合；4—无所谓；5—部分符合；6—基本符合；7—完全符合

C1	我们会把需求的变化提前告知该制造商	1 2 3 4 5 6 7
C2	我们与该制造商共享拥有的信息	1 2 3 4 5 6 7
C3	我们与该制造商都认为应该提供任何对对方有益的信息	1 2 3 4 5 6 7
C4	我们与该制造商都认为应该相互告知可能影响对方的事件和变化	1 2 3 4 5 6 7

下述描述是否符合贵企业的实际情况？请根据实际情况加以选择：1—完全不符合；2—基本不符合；3—不太符合；4—无所谓；5—部分符合；6—基本符合；7—完全符合

KS1	我们从该制造商那里获取了许多关于替代产品的知识	1 2 3 4 5 6 7
KS2	我们从该制造商那里获取了许多关于本产品竞争者的优势的知识	1 2 3 4 5 6 7
KS3	我们从该制造商那里获取了许多关于市场未来发展潜力的知识	1 2 3 4 5 6 7
KS4	我们从该制造商那里获取了许多关于市场营销的知识	1 2 3 4 5 6 7
KS5	我们及时地从该制造商那里获取了与我们的竞争者有关的知识	1 2 3 4 5 6 7

下述的描述是否符合贵企业的实际情况？请根据实际情况加以选择：1—完全不符合；2—基本不符合；3—不太符合；4—无所谓；5—部分符合；6—基本符合；7—完全符合

CF1	当与该制造商产生冲突时,我们设法通过交换完整和准确的信息来解决冲突	1 2 3 4 5 6 7
CF2	当与该制造商产生冲突时,我们通过淡化彼此间的差异和强调共同的利益来解决冲突	1 2 3 4 5 6 7
CF3	当与该制造商产生冲突时,我们通过双方共同的努力来解决冲突	1 2 3 4 5 6 7

下述描述是否符合贵企业的实际情况?请根据实际情况加以选择:1—完全不符合;2—基本不符合;3—不太符合;4—无所谓;5—部分符合;6—基本符合;7—完全符合

Co1	我们与该制造商建立了有效的销售合作团队	1 2 3 4 5 6 7
Co2	我们与该制造商相互派驻了一些技术和管理人员	1 2 3 4 5 6 7
Co3	我们与该制造商积极传递和提供相关的产品、技术及市场资料	1 2 3 4 5 6 7
Co4	通过对我们企业的观察和参观,该制造商能够获得相关的知识	1 2 3 4 5 6 7
Co5	我们与该制造商共同对他们的销售人员进行了一定的培训	1 2 3 4 5 6 7

下述描述是否符合贵企业的实际情况?请根据实际情况加以选择:1—完全不符合;2—基本不符合;3—不太符合;4—无所谓;5—部分符合;6—基本符合;7—完全符合

RT1	我们相信该制造商不会向我们提出过分的要求	1 2 3 4 5 6 7
RT2	我们相信该制造商真诚地关心我们的成功	1 2 3 4 5 6 7
RT3	我们相信该制造商不会做出损害我们利益的事情	1 2 3 4 5 6 7
RT4	我们相信该制造商会公正地对待我们	1 2 3 4 5 6 7

| RT5 | 我们相信该制造商在我们遇到困难时愿意提供帮助 | 1 2 3 4 5 6 7 |

下述描述是否符合贵企业的实际情况？请根据实际情况加以选择：1—完全不符合；2—基本不符合；3—不太符合；4—无所谓；5—部分符合；6—基本符合；7—完全符合

RS1	我们和该制造商的交易关系非常友善	1 2 3 4 5 6 7
RS2	该制造商很婉转地表达其批评意见	1 2 3 4 5 6 7
RS3	我们和该制造商在商务往来中互相尊重	1 2 3 4 5 6 7
RS4	该制造商经常告诉我们一些他们认为我们应当知道的事情	1 2 3 4 5 6 7
RS5	该制造商经常向我们解释其制定相关政策的理由	1 2 3 4 5 6 7

下述描述是否符合贵企业的实际情况？请根据实际情况加以选择：1—完全不符合；2—基本不符合；3—不太符合；4—无所谓；5—部分符合；6—基本符合；7—完全符合

RC1	我们感觉和该制造商是一家人，因此我们愿意和他们继续保持交易关系	1 2 3 4 5 6 7
RC2	即使其他制造商提供更好的交易条件，我们也不愿意终止和该制造商的交易关系	1 2 3 4 5 6 7
RC3	我们和该制造商具有相似的经营理念，因此我们愿意和他们继续保持交易关系	1 2 3 4 5 6 7
RC4	我们忠于该制造商，因此我们愿意和他们继续保持交易关系	1 2 3 4 5 6 7
RC5	考虑到与该制造商多年来的交往，我们觉得应该和他们继续保持交易关系	1 2 3 4 5 6 7

参考文献

[1] Achrol R S, Reve T, Stern L W. The environment of marketing channel dyads: A framework for comparative analysis [J]. Journal of Marketing, 1983, 47(4): 55-67.

[2] Adobor H. The role of personal relationships in interfirm alliances: Benefits, dysfunctions, and some suggestions [J]. Business Horizons, 2006, 49(6):473-486.

[3] Al-Alak B A, Alnawas I A. Evaluating the effect of marketing activities on relationship quality in the banking sector: The case of private commercial banks in Jordan [J]. International Journal of Marketing Studies, 2010, 2(1): 78-91.

[4] Al-Alak, Basheer A. Impact of marketing activities on relationship quality in the Malaysian banking sector [J]. Journal of Retailing and Consumer Services, 2014, 21(3): 347-356.

[5] Aldrich H E, Herker D. Boundary spanning roles and organization structure [J]. The Academy of Management Review, 1977, 2(2):217-230.

[6] Aldrich H E. Technology and organization structure [J]. Administrative Science Quarterly, 1972, 17(1): 26-43.

[7] Aldrich H E, Fiol C M. Fools rush in? The institutional context of industry creation [J]. Academy of Management Review, 1994, 19(4): 645-670.

[8] Alreck P L, Settle R B. Planning your survey [J]. American Demographics, 1995, 17: 12.

[9] Alrubaiee L. Exploring the relationship between ethical sales behavior, relationship quality, and customer loyalty [J]. International Journal of Marketing Studies, 2012, 4(1): 7-25.

[10] Alston J P. Wa, Guanxi and inhwa: Managerial principles in Japan, China, and Korea [J]. Business Horizon, 1989, 32(2): 26-31.

[11] Ambler T, Styles C, Wang X C. The effect of channel relationships and Guanxi on the performance of inter-province export ventures in the People's Republic of China [J]. International Journal of Research in Marketing, 1999, 16(1): 75-87.

[12] Anderson E, Jap S D. The dark side of close relationships [J]. MIT Sloan Management Review, 2005, 46(3): 75-82.

[13] Anderson E, Lodish L M, Weitz B A. Resource allocation behavior in conventional channels [J]. Journal of Marketing Research, 1987, 24(1):85-97.

[14] Anderson E, Weitz B. Determinants of continuity in conventional industrial channel dyads [J]. Marketing Science, 1989, 8(4): 310-323.

[15] Anderson E, Weitz B. The use of pledges to build and sustain commitment in distribution channels [J]. Journal of Marketing Research, 1992, 29(1):18-34.

[16] Anderson J C, Gerbing D W. Structural equation modeling in practice: A review and recommended two-step approach [J]. Psychological Bulletin, 1988, 103(3):411-423.

[17] Anderson J C, Narus J. A model of distributor firm and manufacture firm working partnerships [J]. Journal of Marketing, 1990, 54(1):42-58.

[18] Antia K, Frazier G. The severity of contract enforcement in interfirm channel relationships [J]. Journal of Marketing, 2001, 65(4): 67-81.

[19] Babbie E R. The Practice of Social Research [M]. 14th ed. Boston, MA: Wadsworth Publishing, 2015.

[20] Bachmann R. Trust, power and control in trans-organization relations [J]. Organization Studies, 2016, 22(2):337-365.

[21] Bagozzi R P, Yi Y. On the evaluation of structural equation models [J]. Journal of the Academy of Marketing Science, 1988, 16(1): 74-94.

[22] Baker T L, Simpson P M, Siguaw J A. The impact of suppliers' perceptions of reseller market orientation on key relationship constructs [J]. Journal of the Academy of Marketing Science, 1999, 27(1): 50-57.

[23] Baker W A. Market networks and corporate behavior [J]. American Journal of

Sociology, 1990, 96(3):589-625.

[24] Baker W E, Faulkner R R. Social networks and loss of capital [J]. Social Networks, 2004, 26(2): 91-111.

[25] Barney J B. Firm resources and sustained competitive advantage [J]. Journal of Management, 1991, 17(1): 99-120.

[26] Barney J B. The resource-based theory of the firm [J]. Organization Science, 1996, 7(5): 469.

[27] Barson R M, Kenny D A. The moderator-mediator variable distinction in social psychological research: Conceptual, strategic, and statistical considerations [J]. Journal of Personality and Social Psychology, 1986, 51(6): 1173-1182.

[28] Bendapudi N, Berry L L. Customers' motivations for maintaining relationships with service providers [J]. Journal of Retailing. 1997, 73(1): 15-37.

[29] Berry L L. Relationship Marketing [M] // Berry L L, Shostack L, Upah G D. Emerging Perspectives on Services Marketing. Chicago: American Marketing Association, 1983: 25-28.

[30] Bian Y J. Work and Inequality in Urban China [M]. Albany: State University of New York Press, 1994.

[31] Bianchi C C, Saleh M A. Antecedents of importer relationship performance in Latin America [J]. Journal of Business Research, 2011, 64(3): 258-265.

[32] Bianka K, Gellynck X, Weaver R D. The influence of relationship quality on the innovation capacity in traditional food chains [J]. Supply Chain Management: An International Journal, 2013, 18(1): 52-65.

[33] Boles J S, Johnson J T, Barksdale Jr. H C. How salespeople build quality relationships: A replication and extension [J]. Journal of Business Research, 2000, 48(1): 75-81.

[34] Bolton R N. A dynamic model of the duration of the customer's relationship with a continuous service provider: The role of satisfaction [J]. Marketing Science, 1998, 17(1): 45-65.

[35] Bowen J T, Shoemaker S. Loyalty: A strategic commitment [J]. Cornell Hotel and Restaurant Administration Quarterly, 2003, 44(5-6): 31-46.

[36] Brown J R, Dev C S, Lee D J. Managing marketing channel opportunism: The efficacy of alternative governance mechanisms [J]. Journal of Marketing, 2000, 64(2): 51-65.

[37] Brown J R, Lusch R F, Nicholson C Y. Power and relationship commitment: Their impact on marketing channel member performance [J]. Journal of Retailing, 1995, 71(4): 363-392.

[38] Bruce J J. A preliminary model of particularistic ties in Chinese political alliances: Kan-ch'ing and kuan-hsi in a rural Taiwanese township [J]. The China Quarterly, 1979, 78(6): 237-273.

[39] Cai S, Jun M, Yang Z. The effects of boundary spanners' personal relationships on interfirm collaboration and conflict: A study of the role of Guanxi in China [J]. Journal of Supply Chain Management, 2017, 53(3): 19-40.

[40] Campbell D T. The informant in quantitative research [J]. American Journal of Sociology, 1955, 60(4): 339-342.

[41] Cannon J P, Achrol R S, Gundlach G T. Contracts, norms, and plural form governance [J]. Academy of Marketing Science, 2000, 28(2): 180-194.

[42] Cannon J P, Homburg C. Buyer-supplier relationships and customer firm costs [J]. Journal of Marketing, 2001, 65(1): 29-43.

[43] Castanias R P, Helfat C E. The managerial rents model: Theory and empirical analysis [J]. Journal of Management, 2001, 27(6):661-678.

[44] Čater T, Čater B. Product and relationship quality influence on customer commitment and loyalty in B2B manufacturing relationships [J]. Industrial Marketing Management, 2010, 39(8): 1321-1333.

[45] Chatman J A. Matching people and organizations: Selection and socialization in public accounting firms [J]. Administrative Science Quarterly, 1991, 36(3): 459-484.

[46] Chen C C, Chen Y R, Xin K. Guanxi practices and trust in management: A procedural justice perspective [J]. Organization Science, 2004, 15(2): 200-209.

[47] Chen N Y, Tjosvold D. Guanxi and leader member relationships between American managers and Chinese employees: Open-minded dialogue as mediator [J]. Asia Pacific Journal of Management, 2007, 24(2): 171-189.

[48] Chen X P, Chen C C. On the intricacies of the Chinese Guanxi: A process model of Guanxi development [J]. Asia Pacific Journal of Management, 2004, 21(3): 305-324.

[49] Chen X Y, Wu J. Do different Guanxi types affect capability building differently? A contingency view [J]. Industrial Marketing Management, 2011, 40(4): 581-592.

[50] Chen Z X, Shi Y Z, Dong D H. An empirical study of relationship quality in a service setting: A Chinese case [J]. Marketing Intelligence & Planning, 2008, 26(1): 11-25.

[51] Cheung C K, Chan A C. Philosophical foundations of eminent Hong Kong Chinese CEOs' leadership [J]. Journal of Business Ethics, 2005, 60(1): 47-62.

[52] Child J. Organization: Contemporary Principles and Practice [M]. Malden, MA: Blackwell Publishing. 2005.

[53] Child J. Parkinson's progress: Accounting for the number of specialists in organizations [J]. Administrative Science Quarterly, 1973, 18(3): 328-348.

[54] Churchill G A. A paradigm for developing better measures of marketing constructs [J]. Journal of Marketing Research, 1979, 16(1): 64-73.

[55] Coleman J S. Foundations of Social Theory [M]. Cambridge: Harward University Press, 1990.

[56] Coleman J S. Social capital in the creation of human capital [J]. American Journal of Sociology, 1988(94): 95-120.

[57] Crosby L A, Evan K R, Cowles D. Relationship quality in services selling: An interpersonal influence perspective [J]. Journal of Marketing, 1990, 54(3):68-81.

[58] Dant R P, Schul P L. Conflict resolution processes in contractual channels of distribution [J]. Journal of Marketing, 1992, 56(1):38-54.

[59] De Cannière M H, De Pelsmacker P, Geuens M. Relationship quality and purchase intention and behavior: The moderating impact of relationship strength [J]. Journal of Business and Psychology, 2010, 25(1): 87-98.

[60] Deutsch M. Conflicts: Productive and destructive [J]. Journal of Social Issues, 1969, 25(1): 7-41.

[61] Dick A S, Basu K. Customer loyalty: Toward an integrated conceptual framework [J]. Journal of the Academy of Marketing Science, 1994, 22(2): 99-113.

[62] Dill W. The Impact of Environment on Organizational Development [M] // Mailick S, Ness E. Concepts and Issues in Administrative Behavior, Englewood Cliffs. N.J.: Prentice-Hall, 1962.

[63] DiMaggio P L, Powell W W. The iron cage revisited: Institutional isomorphism and collective rationality in organizational fields [J]. American Sociological Review, 1983, 48(2): 147-160.

[64] Doney P M, Cannon J P. An examination of the nature of trust in buyer-seller relationships [J]. Journal of Marketing, 1997, 61(2):35-51.

[65] Dong M C, Li C B, Tse D K. Do business and political ties differ in cultivating marketing channels for foreign and local firms in China? [J]. Journal of International Marketing, 2013, 21(1): 39-56.

[66] Dorsch M J, Swanson S R, Kelley S W. The role of relationship quality in the stratification of vendors as perceived by customers [J]. Journal of the Academy of Marketing Science, 1998, 26(2): 128-142.

[67] Dwyer R R, Schurr P H, Oh S. Developing buyer-seller relations [J]. Journal of Marketing, 1987, 51(2):11-27.

[68] Dyer J H, Nobeoka K. Creating and managing a high-performance knowledge-sharing network: The Toyota case [J]. Strategic Management Journal, 2000, 21(3):345-367.

[69] Eliashberg J, Michie D A. Multiple business goals sets as determinants of marketing channel conflict: An empirical study [J]. Journal of Marketing Research, 1984, 21(1): 75-88.

[70] Fan Y. Questioning Guanxi: Definition, classification and implications [J]. International Business Review, 2002, 11(5): 543-561.

[71] Farace R, Monge P, Russell H. Communicating and Organizing [M]. MA: Addison-Wesley Publishing Company, 1977.

[72] Farrelly F J, Quester P G. Examining important relationship quality constructs of the focal sponsorship exchange [J]. Industrial Marketing Management, 2005, 34(3): 211-219.

[73] Fisher R, Ury W. Getting to Yes [M]. New York: Penguin Books, 1991.

[74] Fock H K, Woo K S. The China market: Strategic implications of Guanxi [J]. Business Strategy Review, 1998, 9(3): 33-43.

[75] Ford D. The development of buyer-seller relationships in industrial markets [J]. European Journal of Marketing, 1980, 14(5-6):339-354.

[76] Ford E. Managing Business Relationships [M]. Chichester: John Wiley & Sons, 1998.

[77] Fornell C, Larcker D F. Evaluating structural equation models with unobservable variables and measurement error [J]. Journal of Marketing Research, 1981, 18(1): 39-50.

[78] Fornell C. A national customer satisfaction barometer: The Swedish experience [J]. Journal of Marketing, 1992, 56(1): 6-21.

[79] Foy P S. Knowledge Management in Industry [M]. Knowledge management handbook, New York: CRC Press, 1999.

[80] Frazier G L, Rody R C. The use of influence strategies in interfirm relationships in industrial product channels [J]. Journal of Marketing, 1991, 55(1): 52-69.

[81] Frazier G L, Summers J. Interfirm influence strategies and their application within distribution channels [J]. Journal of Marketing, 1984, 48(3):43-55.

[82] Frazier G L. Interorganizational exchange behavior in marketing channels: A behavioral perspective [J]. Journal of Marketing, 1983, 47(4):68-78.

[83] Friedman R A, Podolny J. Differentiation of boundary spanning roles: Labor negotiations and implications for role conflict [J]. Administrative Science Quaterly, 1992, 37(1): 28-47.

[84] Ganesh M, Raghunathan S, Rajendran C. The value of information sharing in a multi-product, multi-level supply chain: Impact of product substitution, demand correlation, and partial information sharing [J]. Decision Support Systems, 2014, 58(58): 79-94.

[85] Gao S X, Xu K, Yang J J. Managerial ties, absorptive capability, and innovation [J]. Asia Pacific Journal of Management, 2008, 25(3): 395-412.

[86] Garbarino E, Johnson M S. The different roles of satisfaction, trust, and commitment in customer relationships [J]. Journal of Marketing, 1999, 63(2): 70-87.

[87] Geletkanycz M A, Hambrick D C. The external ties of top executives: Implications for strategic choice and performance [J]. Administrative Science Quarterly, 1997, 42(4): 654-681.

[88] Ghauri P, Gronhaug K. Research Methods in Business Studies [M]. London: Financial Times Prentice Hall, 2005.

[89] Gladstein D L. Groups in context: A model of task group effectiveness [J]. Administrative Science Quarterly, 1984, 29(4): 499-517.

[90] Goodwin C. Communality as a dimension of service relationships [J]. Journal of Consumer Psychology, 1996, 5(4): 387-415.

[91] Granovetter M S. Economic action and social structure: The problem of embeddedness [J]. American Journal of Sociology, 1985, 91(3): 481-510.

[92] Granovetter M S. The srength of weak ties: A network theory revisited [J]. Sociological Theory, 1983, 1(6): 201-233.

[93] Granovetter M S. The strength of weak ties [J]. American Journal of Sociology, 1973, 78(6): 1360-1380.

[94] Grant R M. Toward a knowledge-based theory of the firm [J]. Strategic Management Journal, Special Issue, 1996, 17(2):109-122.

[95] Griffith D A, Zeybek A Y, O'Brien M. Knowledge transfer as a means for relationship development: A Kazakhstan-foreign international joint venture illustration [J]. Journal of International Marketing, 2001, 9(2):1-18.

[96] Gruen T W, Summers J O, Acito S F. Relationship marketing activities, commitment, and membership behaviors in professional associations [J]. Journal of Marketing, 2000, 64(3): 34-49.

[97] Gu F F, Hung K, Tse D K. When does Guanxi matter? Issues of capitalization and its dark sides [J]. Journal of Marketing, 2008, 72(4): 12-28.

[98] Guiltinan J P, Rejab I B, Rodgers W C. Factors influencing coordination in a franchise channel [J]. Journal of Retailing, 1980, 56(3):41-58.

[99] Gummesson E. The new marketing—Developing long-term interactive relationships [J]. Long Range Planning, 1987, 20(4): 10-20.

[100] Gwinner K P, Gremler D D, Bitner M J. Relational benefits in services industries: The customer's perspective [J]. Journal of the Academy of Marketing Science, 1998, 26(2): 101-14.

[101] Hagen J M, Choe S. Trust in Japanese interfirm relations: Institutional sanctions matter [J]. Academy of Management Review, 1998, 29(3): 589-600.

[102] Hakansson H. International Marketing and Purchasing of Industrial Goods: An Interaction Approach [M]. New York: John Wiley & Sons, 1982.

[103] Halinen A, Salmi A. Managing the informal side of business interaction: Personal contacts in the critical phases of business relationships [C] // Industrial Marketing and Purchasing Group. Proceedings of the 17th annual IMP conference. Oslo: Norwegian School of Management, 2001.

[104] Hallen L. Infrastructural Networks in International Business [M] // Forsgren M, Johanson J. Managing networks in international business. Philadelphia: Gordon & Breach, 1992.

[105] Hamel G, Doz Y L, Prahalad C K. Cooperate with your competitors and win [J]. Harvard Business Review, 1989, 67(1):133-139.

[106] Heide J B, John G. Alliances in industrial purchasing: The determinants of joint action in buyer-supplier relationships [J]. Journal of Marketing Research, 1990, 27(1): 24-36.

[107] Hemmert M. The relevance of inter-personal ties and inter-organizational tie strength for outcomes of research collaborations in South Korea [J]. Asia Pacific Journal of Management, 2019, 36(2): 373-393.

[108] Hennig-Thurau T, Gwinner K P, Gremler D D. Understanding relationship marketing outcomes: An integration of relationship benefits and relationship quality [J]. Journal of Service Research, 2002, 4(3): 230-247.

[109] Hennig-Thurau T, Klee A. The impact of customer satisfaction and relationship quality on customer retention: A critical reassessment and model development [J]. Psychology & Marketing, 1997, 14(8): 737-764.

[110] Hinkin T R. A review of scale development practices in the study of organizations [J]. Journal of Management, 1995, 21(5): 967-988.

[111] Huang Y, Luo Y, Liu Y, Yang Q. An Investigation of interpersonal ties in interorganizational exchanges in emerging markets: A boundary-spanning perspective. Journal of Management, 2016, 42(6): 1557-1587.

[112] Hunger J D, Stern L W. As assessment of the functionality of the superordinate goal in reducing conflict [J]. The Academy of Management Journal, 1976, 19(4):591-605.

[113] Hunt S D. Positivism and paradigm dominance in consumer research: Toward critical pluralism and rapprochement [J]. Journal of Consumer Research, 1991, 18(1): 32-44.

[114] Huntley J K. Conceptualization and measurement of relationship quality: Linking relationship quality to actual sales and recommendation intention [J]. Industrial Marketing Management, 2006, 35(6): 703-714.

[115] Hwang K K. Face and favor: The Chinese power game [J]. American Journal of Sociology, 1987, 92(4): 944-974.

[116] Ireland R D, Webb J W. A multi-theoretic perspective on trust and power in strategic supply chains [J]. Journal of Operations Management, 2007, 25(2): 482-497.

[117] Jaccard J, Turrisi R, Wan C K. Sage University Papers: Quantitative Applications in the Social Sciences [M]. Sage University Paper, 2003.

[118] Jacobs J B. The Concept of Guanxi and Local Politics in A Rural Chinese Cultural Setting [M] // Greenblatt S L, Wilson R W, Wilson A A. Social Interaction in Chinese Society. New York: Praeger Publisher, 1982: 209-236.

[119] James L R, Demaree R G, Wolf G. Estimating within-group interrater reliability with and without response bias [J]. Journal of Applied Psychology, 1984, 69(1): 85-98.

[120] Jap S D, Anderson E. Safeguarding interorganizational performance and continuity under ex post opportunism [J]. Management Science, 2003, 49(12): 1684-1701.

[121] Jap S D, Ganesan S. Control mechanisms and the relationship life cycle: Implications for safeguarding specific investments and developing commitment [J]. Journal of Marketing Research, 2000, 37(2):227-245.

[122] Jaworski B J. Toward a theory of marketing control: Environmental context, control types, and consequences [J]. Journal of Marketing, 1988, 52(3): 23-39.

[123] Jia N. Competition, governance, and relationship-specific investments: Theory and implications for strategy [J]. Strategic Management Journal, 2013, 34(13): 1551-1567.

[124] Jiang F, Guo H, Wei Z, et al.. The fit between managerial ties and resource bundling capabilities: Implications for performance in manufacturing firms [J]. IEEE Transactions on Engineering Management, 2018, 65(2): 1-11.

[125] Johannisson B. Paradigms and entrepreneurial networks-Some methodological challenges [J]. Entrepreneurship & regional development, 1995, 7(3): 215-232.

[126] Johnson D W, Johnson S. The effects of attitude similarity, expectation of goal facilitation, and actual goal facilitation on interpersonal attraction [J]. Journal of Experimental Social Psychology, 1972, 8(3): 197-206.

[127] Johnson J L. Strategic integration in industrial distribution channels: Managing the interfirm relationship as a strategic asset [J]. Journal of the Academy of Marketing Science, 1999, 27(1):4-18.

[128] Johnston D A, McCutcheon D M, Stuart F I, et al.. Effects of supplier trust on performance of cooperative supplier relationships [J]. Journal of Operations Management, 2004, 22(1): 23-38.

[129] Joshi A. Continuous supplier performance improvement: Effects of collaborative communication and control [J]. Journal of Marketing, 2009, 73(1): 133-150.

[130] Kasulis J J, Spekman R E. A framework for the use of power [J]. European Journal of Marketing, 1980, 14(4): 180-191.

[131] Katz P, Tushman M L. A longitudinal study of the effects of boundary spanning supervision on turnover and promotion in research and development [J]. The Academy of Management Journal, 1983, 26(3):437-456.

[132] Kawai N. The influence of external network ties on organizational performance: Evidence from Japanese manufacturing subsidiaries in Europe [J]. European Journal of International Management, 2012, 6(2): 221-242.

[133] Keegan W J. Multinational scanning—A study of information sources utilized by headquarters executives in multinational companies [J]. Administrative Science Quarterly, 1974, 19(3):411-422.

[134] Kim K. On interfirm power, channel climate, and solidarity in industrial distributor-supplier dyads [J]. Academy of Marketing Science, 2000, 28(3): 388-405.

[135] Kim W G, Cha Y M. Antecedents and consequences of relationship quality in hotel industry [J]. International Journal of Hospitality Management, 2002, 21(4): 321-338.

[136] Kim W G, Han J S, Lee E. Effects of relationship marketing on repeat purchase and word of mouth [J]. Journal of Hospitality & Tourism Research, 2001, 25(3): 272-288.

[137] Klein S, Frazier G L, Roth V J. A transaction cost analysis model of channel integration in international markets [J]. Journal of Marketing Research, 1990, 27(2):196-208.

[138] Kor Y Y, Mahoney J T. Penrose's resource-based approach: The process and product of research creativity [J]. Journal of Management Studies, 2000, 37(1):109-139.

[139] Kotabe M, Martin X, Domoto H. Gaining from vertical partnerships: Knowledge transfer, relationship duration, and supplier performance improvement in the U.S. and Japanese automative industries [J]. Strategic Management Journal, 2003, 24(4): 293-316.

[140] Krone K, Jablin F, Putnam L. Communication Theory and Organizational Communication: Multiple Perspectives [M]. Newbury Park, CA: Sage Publications, 1987: 11-17.

[141] Kumar N, Scheer L K, Steenkamp I. The effects of perceived interdependence on dealer attitudes [J]. Journal of Marketing Research, 1995, 32(3):348-356.

[142] Kurtz D L, Clow K E. Services Marketing [M]. New York: John Wiley and Sons, 1998.

[143] Lages C, Lages C R, Lages L F. The RELQUAL scale: A measure of relationship quality in export market ventures [J]. Journal of Business Research, 2005, 58(8):

1040-1048.

[144] Lam C F, Liang J, Ashford S J, et al.. Job insecurity and organizational citizenship behavior: Exploring curvilinear and moderated relationships [J]. Journal of Applied Psychology, 2015, 100(2): 499-510.

[145] Lang B, Colgate M. Relationship quality, on-line banking and the information technology gap [J]. International Journal of Bank Marketing, 2003, 21(1): 29-37.

[146] Lee D J, Pae J H, Wong Y H. A model of close business relationships in China (Guanxi) [J]. European Journal of Marketing, 2001, 35(1-2): 51-69.

[147] Lee D Y, Dawes P L. Guanxi, trust, and long-term orientation in Chinese business markets [J]. Journal of International Marketing, 2005, 13(2): 28-56.

[148] Lee J N. The impact of knowledge sharing, organizational capability and partnership quality on IS outsourcing success [J]. Information and Management, 2001, 38(5):323-335.

[149] Lee P K, Humphreys P K. The role of Guanxi in supply management practices [J]. International Journal of Production Economics, 2007, 106(2): 450-467.

[150] Leifer R, Delbecq A. Organizational/Environmental interchange: A model of boundary spanning activity [J]. The Academy of Management Review, 1978, 3(1):44-50.

[151] Levina N, Vaast E. The emergence of boundary spanning competence in practice: Implications for information systems' implementation and use [J]. Management Information Systems Quarterly, 2005, 29(2):335-363.

[152] Levitt T. The Marketing Imagination [M]. Now York: The Free Press, 1986.

[153] Li J J, Poppo L, Zhou K Z. Do managerial ties in China always produce value? Competition, uncertainty, and domestic vs. foreign firms [J]. Strategic Management Journal, 2008, 29(4): 383-400.

[154] Li J J, Sheng S B. When does Guanxi bolster or damage firm profitability? The contingent effects of firm- and market-level characteristics [J]. Industrial Marketing Management, 2011, 40(4): 561-568.

[155] Lin L H. Cultural and organizational antecedents of Guanxi: The Chinese cases [J]. Journal of Business Ethics, 2011, 99(3): 441-451.

[156] Lin N. Social Capital: A Theory of Social Structure and Action [M]. Cambridge University press, 2001.

[157] Lin X H, Germain R. Product quality orientation and its performance implications in Chinese State-Owned enterprises [J]. Journal of International Marketing, 2003, 11(2): 59-78.

[158] Liu C T, Guo Y M, Lee C H. The effects of relationship quality and switching barriers on customer loyalty [J]. International Journal of Information Management, 2011, 31(1): 71-79.

[159] Liu Y, Li Y, Zhang L N. Control mechanisms across a buyer-supplier relationship quality matrix [J]. Journal of Business Research, 2010, 63(1):3-12.

[160] Liu Y, Luo Y D, Huang Y, et al.. A diagnostic model of private control and collective control in buyer-supplier relationships [J]. Industrial Marketing Management, 2016, 63: 116-128.

[161] Liu Y, Luo Y D, Liu T. Governing buyer-supplier relationships through transactional and relational mechanisms: Evidence from China [J]. Journal of Operations Management, 2009, 27(4):294-309.

[162] Luo Y D, Chen M. Does Guanxi influence firm performance? [J]. Asia Pacific Journal of Management, 1997, 14(1): 1-16.

[163] Luo Y D, Liu Y, Xue J Q. Relationship investment and channel performance: An analysis of mediating forces [J]. Journal of Management Studies, 2009, 46(7): 1113-1137.

[164] Luo Y D, Liu Y, Yang Q, et al.. Hou JG. Improving performance and reducing cost in buyer-supplier relationships: The role of justice in curtailing opportunism[J]. Journal of Business Research, 2015, 68(3): 607-615.

[165] Luo Y D. A coopetition perspective of global competition [J]. Journal of World Business, 2006, 42(2): 129-144.

[166] Luo Y D. Guanxi and performance of foreign-invested enterprises in China: An empirical inquiry [J]. Management International Review, 1997, 37(1):51-71.

[167] Luo Y D. Guanxi: Principles, philosophies and implications [J]. Human Systems Management, 1997, 16(2):36-51.

[168] Luo Y D. Opportunism in interfirm exchanges in emerging markets [J]. Management and Organization Review, 2006, 2(1): 121-147.

[169] Luo Y D. Private Control and collective control in international joint ventures [J]. Management International Review, 2007, 47(4): 531-566.

[170] Luo Y D. Toward coopetiton within a multinational enterprise: A perspectove from foreign subsidiaries [J]. Journal of Word Business, 2005, 40(1):71-90.

[171] Lusch R F, Brown J R. Interdependency, contracting, and relational behavior in marketing channels [J]. Journal of Marketing, 1996, 60(4): 19-38.

[172] Macaulay S. Non-contractual relations in business: A preliminary study [J]. American Sociological Review, 1963, 28(1): 55-67.

[173] Macneil I R. Power, contract, and the economic model [J]. Journal of Economic Issues, 1980, 14(4): 909-923.

[174] Mahoney J T, Pandian J R. The resource-based view within the conversation of strategic management [J]. Strategic Management Journal, 1992, 13(5):363-380.

[175] Mainela T. Types and functions of social relationships in the organizing of an international joint venture [J]. Industrial Marketing Management, 2007, 36(1): 87-98.

[176] March J G, Simon H A. Organizations [M]. New York: John Wiley & Sons, Inc., 1958.

[177] Marrone J A, Tesluk P E, Carson J B. A multilevel investigation of antecedents and consequences of team member boundary-spanning behavior [J]. The Academy of Management Journal, 2007, 50(6):1423-1439.

[178] Marsden P V, Campbell K E. Measuring tie strength [J]. Social Forces, 1984, 63(2): 483-501.

[179] Masten S E. Equity, opportunism, and the design of contractual relations [J]. Journal of Institutional and Theoretical Economics, 1988, 144(1): 180-195.

[180] Mohr J, Nevin J R. Communication strategies in marketing channels: A theoretical perspective [J]. Journal of Marketing, 1990, 54(4): 36-51.

[181] Mohr J, Spekman R. Characteristics of partnership success: Partnership attributes, communication behavior, and conflict resolution techniques [J]. Strategic Management Journal, 1994, 15(2):135-152.

[182] Mohr J J, Fisher R J, Nevin J R. Collaborative communication in interfirm relationships: Moderating effects of integration and control [J]. Journal of Marketing, 1996, 60(3): 103-115.

[183] Moliner M A, Sánchez J, Rodríguez R M, et al.. Perceived relationship quality and post-purchase perceived value: An integrative framework [J]. European Journal of Marketing, 2007, 41(11-12): 1392-1422.

[184] Moorman C, Deshpandé R, Zaltman G. Factors affecting trust in market research relationships [J]. Journal of Marketing, 1993, 57(1): 81-101.

[185] Moorman C, Zaltman G, Deshpande R. Relationships between providers and users of market research: The dynamics of trust within and between organizations [J]. Journal of Marketing Research, 1992, 29(3): 314-328.

[186] Morgan R M, Hunt S D. The commitment-trust theory of relationship marketing [J]. Journal of Marketing, 1994, 58(3):20-38.

[187] Murry J P, Heide J B. Managing promotion program participation within manufacturer-retailer relationships [J]. Journal of Marketing, 1998, 62(1): 58-68.

[188] Murstein B I. The Stimulus-Value-Roles (SVR) Theory of Dyadic Relationships [M] // Duck S W. Theory and Practice in Interpersonal Attraction. London: Academic Press, Inc., 1977.

[189] Nadler D, Tushman M. Strategic Organization Design [M]. Glenview, IL: Scott, Foresman, 1988.

[190] Naudé P, Buttle F. Assessing relationship quality [J]. Industrial Marketing Management, 2000, 29(4): 351-361.

[191] Ndubisi N O, Khoo-Lattimore C, Yang L, et al.. The antecedents of relationship quality in Malaysia and New Zealand [J]. International Journal of Quality & Reliability Management, 2011, 28(2): 233-248.

[192] Nicholson C Y, Compeau L D, Sethi R. The role of interpersonal liking in building trust in long-term channel relationships [J]. Academy of Marketing Science, 2001, 29(1):3-15.

[193] Nielsen R P. Cooperative strategy [J]. Strategic Management Journal, 1988, 9(5): 475-492.

[194] Nisbet R A. Cooperation [M]. New York: Coller-Macmillan, 1972.

[195] Nonaka I, Takeuchi H. The Knowledge Creating Company [M]. New York: Oxford University Press, 1995.

[196] Osland G E. Doing business in China: A framework for cross-cultural understanding [J]. Marketing Intelligence and Planning, 1990, 8(4): 257-273.

[197] Palmatier R W, Dant R P, Grewal D, et al.. Factors influencing the effectiveness of relationship marketing: A meta-analysis [J]. Journal of Marketing, 2006, 70(4):136-153.

[198] Palmatier R W, Dant R P, Grewal D. A comparative longitudinal analysis of theoretical perspectives of interorganizational relationship performance [J]. Journal of Marketing, 2007, 71(4): 172-194.

[199] Parameswaran R, Yaprak A. A cross-national comparison of consumer research measures [J]. Journal of International Business Studies, 1987, 18(1): 35-49.

[200] Park S H, Li S, Tse D. Determinants of firm performance in China: Institutional vs. economic factors [C] // Academy of International Business. The 1997 Annual Meetings of the Academy of International of Business. Mexico: AIB Executive Secretariat, 1997.

[201] Park S H, Luo Y D. Guanxi and organizational dynamics: Organizational networking in Chinese firms [J]. Strategic Management Journal, 2001, 22(5): 455-471.

[202] Paulraj A, Lado A A, Chen I J. Interorganizational communication as a relational competency: Antecedents and performance outcomes in collaborative buyer-supplier relationships [J]. Journal of Operations Management, 2008, 26(1): 45-64.

[203] Paulssen M, Roulet R, Wilke S. Risk as moderator of the trust-loyalty relationship [J]. European Journal of Marketing, 2014, 48(5-6): 964-981.

[204] Pearce J A, Robinson R B. Cultivating Guanxi as a foreign investor strategy [J]. Business Horizons, 2000, 43(1): 31-38.

[205] Peng M W, Heath P S. The growth of the firm in planned economies in transition: Institutions, organizations, and strategic choice [J]. The Academy of Management Review, 1996, 21(2): 492-528.

[206] Peng M W, Luo Y D. Managerial ties and firm performance in a transition economy: The nature of a micro-macro link [J]. The Academy of Management Journal, 2000, 43(3): 486-501.

[207] Perks H, Kahn K, Zhang C. An empirical evaluation of R&D-marketing NPD integration in Chinese firms: The Guanxi effect [J]. Journal of Production Innovation Management, 2009, 26(6): 640-651.

[208] Podsakoff P M, Organ D. Self-reports in organizational research: Problems and prospects [J]. Journal of Management, 1986, 12(4): 531-543.

[209] Podsakoff P M, Scott B, Podsakoff N P. Common method biases in behavioral research: A critical review of the literature and recommended remedies [J]. Journal of Applied Psychology, 2003, 88(5): 879-903.

[210] Polanyi M. The Tacit Dimension [M]. New York: Doubleday & Company, Inc., 1996.

[211] Poppo L, Zenger T. Do formal contracts and relational governance function as substitutes or complements? Strategic Management Journal, 2002, 23(8): 707-725.

[212] Prajogo D, Olhager J. Supply chain integration and performance: The effects of long-term relationships, information technology and sharing, and logistics integration [J]. International Journal of Production Economics, 2012, 135(1): 514-522.

[213] Pruitt D G. Negotiation Behavior [M]. New York: Academic Press, Inc, 1981.

[214] Punnett B J, Yu P. Attitudes towards doing business with the PRC [J]. International Studies of Management and Organization, 1990, 20(1-2): 149-160.

[215] Rafiq M, Fulford H, Lu X. Building customer loyalty in online retailing: The role of relationship quality [J]. Journal of Marketing Management, 2013, 29(3): 494-517.

[216] Ramaseshan B, Yip L S, Pae J H. Power, satisfaction, and relationship commitment in Chinese store-Tenant relationship and their impact on performance [J]. Journal of Retailing, 2006, 82(1): 63-70.

[217] Rauyruen P, Miller K E. Relationship quality as a predictor of B2B customer loyalty [J]. Journal of Business Research, 2007, 60(1): 21-31.

[218] Rindfleisch A, Heide J B. Transaction cost analysis: Past, present, and future applications [J]. Journal of Marketing, 1997, 61(4): 30-54.

[219] Rindfleisch A, Moorman C. The acquisition and utilization of information in new product alliances: A strength-of-ties perspective [J]. Journal of Marketing, 2001, 65(2): 1-18.

[220] Ring P S, Van de Ven A H. Developmental processes of cooperative interorganizational relationships. Academy of Management Review, 1994, 19(1): 90-118.

[221] Roberts K, Varki S, Brodie R. Measuring the quality of relationships in consumer services: An empirical study [J]. European Journal of Marketing, 2003, 37(1-2): 169-196.

[222] Rokkan A I, Heide J B, Wathne K H. Specific investments in marketing relationships: Expropriation and bonding effects [J]. Journal of Marketing

Research, 2003, 40(2): 210-224.

[223] Rosenberg L J, Stern L W. Conflict measurement in the distribution channel [J]. Journal of Marketing Research, 1971, 8(4):437-442.

[224] Salmi A, Backman J. Personal Relations in Russian Business: Two Circles [M] // Kosonen R, Salmi A. Institutions and post-socialist transition. Helsinki: Helsinki School of Economics and Business Administration, 1999.

[225] Sanzo M J, Santos M L, Vázquez R, et al.. The effect of market orientation on buyer-seller relationship satisfaction [J]. Industrial Marketing Management, 2003, 32(4): 327-345.

[226] Scott W R. Approaching adulthood: The maturing of institutional theory [J]. Theory and Society, 2008, 37(5): 427-442.

[227] Seabright M A, Levinthal S L, Fichman D A. Role of individual attachments in the dissolution of interorganizational relationships [J]. The Academy of Management Journal, 1992, 35(1): 122-160.

[228] Semrau T, Werner A. How exactly do network relationships pay off? The effects of network size and relationship quality on access to start-up resources [J]. Entrepreneurship Theory and Practice, 2014, 38(3): 501-525.

[229] Shamdasani P N, Balakrishnan A A. Determinants of relationship quality and loyalty in personalized services [J]. Asia Pacific Journal of Management, 2000, 17(3): 399-422.

[230] Sheng S, Zhou K Z, Li J. The effects of business and political ties on firm performance: Evidence from China [J]. Journal of Marketing, 2011, 75(1): 1-15.

[231] Skarmeas D, Katsikeas C S, Schlegelmich B B. Drivers of commitment and its impact on performance in cross-cultural buyer-seller relationships: The importer's perspective [J]. Journal of International Business Studies, 2002, 33(4): 757-783.

[232] Skarmeas D, Katsikeas C S, Spyropoulou S, et al.. Market and supplier characteristics driving distributor relationship quality in international marketing

channels of industrial products [J]. Industrial Marketing Management, 2008, 37(1): 23-36.

[233] Smith J B, Barclay D W. The effects of organizational differences and trust on the effectiveness of selling partner relationships [J]. Journal of Marketing, 1997, 61(1): 3-21.

[234] Smith J B. Buyer-supplier relationships: Bonds, relationship management, and sex-type [J]. Canadian Journal of Administrative Sciences, 1998, 15(1):76-92.

[235] Söderlund M. Measuring customer loyalty with multi-item scales [J]. International Journal of Service Industry Management, 2006, 17(1), 76-98.

[236] Song M, Benedetto C A, Nason R W. Capabilities and financial performance: The moderating effect of strategic type [J]. Journal of the Academic Marketing Science, 2007, 35(1): 18-34.

[237] Song M, Benedetto A D, Zhao Y. The antecedents and consequences of manufacturer distributor cooperation: An empirical test in the U.S. and Japan [J]. Journal of the Academy of Marketing Science, 2008, 36(2): 215-233.

[238] Standifird S S, Marshall R S. The transaction cost advantage of Guanxi-based business practices [J]. Journal of World Business, 2000, 35(1): 21-42.

[239] Staw B M. Knee-deep in the big muddy: A study of escalating commitment to a chosen course of action [J]. Organizational Behavior and Human Performance, 1976, 16(1): 27-44.

[240] Steenkamp J-B E M. Economic and social satisfaction: measurement and relevance to marketing channel relationships [J]. Journal of Retailing, 2000, 76(1): 11-32.

[241] Stern L W, El-Ansary A I. Marketing Channels [M]. 3rd ed. Englewood Cliffs, NJ: Prentice-Hall, Inc., 1988.

[242] Stern L W, Gorman R H. Conflict in Distribution Channels: An Exploration [M]. Boston: Houghton Mifflin Company, 1969.

[243] Stern L W. The Interorganizational Management of Distribution Channels:

Prerequisites and Prescriptions [M] // Fisk G. New Essays in Marketing Theory. Boston: Allyn and Bacon, Inc., 1971: 301-314.

[244] Stock R M. Interorganizational teams as boundary spanners between supplier and customer companies [J]. Journal of the Academy of Marketing Science, 2006, 34(4):588-599.

[245] Stohl C, Redding W C. Messages and Message Exchange Processes [M] // Jablin F M, Putnam L L, Roberts K H, et al.. Handbook of Organizational Communication: An Interdisciplinary Perspective. Newbury Park, CA: Sage Publications, 1987: 451-502.

[246] Su C T, Littlefield J E. Entering Guanxi: A business ethical dilemma in Mainland China? [J]. Journal of Business Ethics, 2001, 33(3): 199-210.

[247] Su C T, Mitchell R K, Sirgy M J. Enabling Guanxi management in China: A hierarchical stakeholder model of effective Guanxi [J]. Journal of Business Ethics, 2007,71(3): 301-319.

[248] Sudman S, Bradburn N M. Asking Questions: A Practical Guide to Questionnaire Design [M]. New York: Jossey-Bass, 1982.

[249] Tallman S, Shenkar O. A managerial decision model of international cooperative venture formation [J]. Journal of International Business Studies, 1994, 25(1): 91-114.

[250] Tellefsen T. Commitment in business-to-business relationships: The role of organizational and personal needs [J]. Industrial Marketing Management, 2002, 31(8): 645-652.

[251] Thomas K W, Schmidt W H. A survey of managerial interests with respect to conflict [J]. The Academy of Management Journal, 1976, 19(2):315-318.

[252] Thompson J. Organizations in Action [M]. New York: McGraw-Hill, 1967.

[253] Tsang W K. Can Guanxi be a source of sustained competitive advantage for doing business in China? [J]. The Academy of Management Executive, 1998, 12(2): 64-73.

[254] Tsui A S, Farh J L. What Guanxi matters: Relational demography and Guanxi in the Chinese context [J]. Work and Occupations, 1997, 24(1): 56-79.

[255] Tushman M L, Scanlan T J. Characteristics and external orientations of boundary spanning individuals [J]. The Academy of Management Journal, 1981, 24(1): 83-98.

[256] Ulaga W, Eggert A. Value-based differentiation in business relationships: Gaining and sustaining key supplier status [J]. Journal of Marketing, 2006, 70(1): 119-136.

[257] Ulaga W. Capturing value creation in business relationships: A customer perspective [J]. Industrial Marketing Management, 2003, 32(8): 677-693.

[258] Utterback J M. The process of technological innovation within the firm [J]. The Academy of Management Journal, 1971, 14(1):75-88.

[259] Uzzi B. Social structure and competition in interfirm networks: The paradox of embeddedness [J]. Administrative Science Quarterly, 1997, 42(1):35-67.

[260] Uzzi B. The sources and consequences of embeddedness for the economic performance of organizations: The network effect [J]. American Sociological Review, 1996, 61(4): 674-698.

[261] Vanhonacker W R. Guanxi networks in China [J]. China Business Review, 2004, 31(3):48-53.

[262] Venetis K A, Ghauri P N. Service quality and customer retention: Building long-term relationships [J]. European Journal of Marketing, 2004, 38(11-12): 1577-1598.

[263] Venkatraman N, Prescott J E. Environment-strategy coalignment: An empirical test of its performance implications [J]. Strategic Management Journal, 1990, 11(1): 1-23.

[264] Walter A, Muller TA, Helfert G, et al.. Functions of industrial supplier relationships and their impact on relationship quality [J]. Industrial Marketing Management, 2003, 32(2): 159-169.

[265] Walter A. Relationship promoters: Driving forces for successful customer relationships [J]. Industrial Marketing Management, 1999, 28(5):537-551.

[266] Wathne K H, Biong H, Heide J B. Choice of supplier in embedded markets: Relationship and marketing program effects [J]. Journal of Marketing, 2001, 65(2): 54-66.

[267] Wathne K H, Heide J B. Opportunism in interfirm relationships: Forms, outcomes, and solutions [J]. Journal of Marketing, 2000, 64(4): 36-51.

[268] Wellman B, Berkowitz S D. Social Structures: A Network Approach [M]. New York: Cambridge University Press, 1988.

[269] Westphal J D, Boivie S, Chng D H. The strategic impetus for social network ties: Reconstituting broken CEO friendship ties [J]. Strategic Management Journal, 2006, 27(5): 425-445.

[270] Wiklund J, Shepherd D. Entrepreneurial orientation and small business performance: A configurational approach [J]. Journal of Business Venturing, 2005, 20(1): 71-91.

[271] Williams P, Ashill N J, Naumann E, et al.. Relationship quality and satisfaction: Customer-perceived success factors for on-time projects [J]. International Journal of Project Management, 2015, 33(8): 1836-1850.

[272] Williamson O E. Markets and Hierarchies: Analysis and Antitrust Implications [M]. New York: Free Press, 1975.

[273] Williamson O E. The Economic Institutions of Capitalism [M]. New York: The Free Press, 1985: 9-26.

[274] Wong A, Sohal A. An examination of the relationship between trust, commitment and relationship quality [J]. International Journal of Retail & Distribution Management, 2002, 30(1): 34-50.

[275] Wong M L. Guanxi management as complex adaptive systems: A case study of Taiwanese ODI in China [J]. Journal of Business Ethics, 2010, 91(3): 419-432.

[276] Wong Y H, Chan R Y. Relationship marketing in China: Guanxi, Favoritism and adaptation [J]. Journal of Business Ethics, 1999, 22(2): 107-118.

[277] Woo K S, Ennew C T. Business-to-business relationship quality: An IMP interaction-based conceptualization and measurement [J]. European Journal of Marketing, 2004, 38(9): 1252-1271.

[278] Wulf K D, Odekerken-Schroder G, Iacobucci D. Investments in consumer relationships: A cross-country and cross-industry exploration [J]. Journal of Marketing, 2001, 65(4):33-50.

[279] Xin K R, Pearce J L. Guanxi: Connections as substitutes for formal institutional support [J]. The Academy of Management Journal, 1996, 39(6): 1641-1658.

[280] Yan A, Gray B. Antecedents and effects of parent control in international joint ventures [J]. Journal of Management Studies, 2001, 38(3): 393-416.

[281] Yan A, Gray B. Bargaining power, management control, and performance in United States-China joint ventures: A comparative case study [J]. The Academy of Management Journal, 1994, 37(6): 1478-1517.

[282] Yan L, Simsek Z, Lubatkin M H, et al.. Transformational leadership's role in promoting corporate entrepreneurship: Examining the CEO-TMT interface [J]. The Academy of Management journal, 2008, 51(3): 557-576.

[283] Yang M M. Gifts, Favors and Banquets [M]. New York: Cornell University Press, 1994.

[284] Yang Z L, Su C T, Fam K S. Dealing with institutional distances in international marketing channels: Governance strategies that engender legitimacy and efficiency [J]. Journal of Marketing, 2013, 76(2): 41-55.

[285] Yang Z L, Wang C L. Guanxi as a governance mechanism in business markets: Its characteristics, relevant theories, and future research directions [J]. Industrial Marketing Management, 2011, 40(4): 492-495.

[286] Yen Y F, Tseng J F, Wang H K. The effect of internal social capital on knowledge sharing [J]. Knowledge Management Research & Practice, 2015, 13(2): 214-224.

[287] Yeung Y M, Tung R L. Achieving business success in Confucian societies: The importance of Guanxi (Connections) [J]. Organizational Dynamics, 1996, 25(2): 54-65.

[288] Yoo J W, Reed R, Shin S J, et al. Strategic choice and performance in late movers: Influence of the top management team's external ties [J]. Journal of Management Studies, 2009, 46(2):308-335.

[289] Zenger T R, Lawrence B S. Organizational demography: The differential effects of age and tenure distributions on technical communication [J]. The Academy of Management Journal, 1989, 32(2): 353-376.

[290] Zhai Q, Lindorff M, Cooper B. Workplace Guanxi: Its dispositional antecedents and mediating role in the affectivity-job satisfaction relationship [J]. Journal of Business Ethics, 2013, 117(3): 541-551.

[291] Zhang Y, Zhang Z G. Guanxi and organizational dynamics in China: A link between individual and organizational levels [J]. Journal of Business Ethics, 2006, 67(4): 375-392.

[292] Zhou K, Li J, Sheng S, et al. The evolving role of managerial ties and firm capabilities in an emerging economy: Evidence from China [J]. Journal of the Academy of Marketing Science, 2014, 42(6): 581-595.

[293] Zhu W, Su S, Shou Z. Social ties and firm performance: The mediating effect of adaptive capability and supplier opportunism [J]. Journal of Business Research, 2017, 78(9): 226-232.

[294] Zhuang G J, Xi Y M, Tsang A S. Power, conflict, and cooperation: The impact of guanxi in Chinese marketing channels [J]. Industrial Marketing Management, 2010, 39(1): 137-149.

[295] 费孝通. 社会学在成长[M]. 天津：天津人民出版社，1990.

[296] 丰超，庄贵军，张闯，等. 网络结构嵌入、关系型渠道治理与渠道关系质量[J]. 管理学报，2018，15（10）：36-43.

[297] 晓德. 入市十年,全球化下的中国[EB/OL]. 国际先驱导报, 2011-12-12[2019-11-16]. http://ihl.cankaoxiaoxi.com/2011/1212/8298.shtml.

[298] 侯杰泰,温忠麟,成子娟. 结构方程模型及其应用[M]. 北京:经济科学出版社, 2004.

[299] 李怀祖. 管理研究方法论[M]. 2 版. 西安:西安交通大学出版社, 2004.

[300] 李垣,谢恩,廖修武. 个人关系,联盟制度化程度与战略联盟控制——针对中国企业联盟实践的分析[J]. 管理科学学报, 2006, 9 (6): 73-81.

[301] 林舒进,庄贵军,黄缘缘. 关系质量、信息分享与企业间合作行为:IT 能力的调节作用[J]. 系统工程理论与实践, 2018, 38 (3): 643-654.

[302] 刘波,李娜,李巧意,等. 环卫服务外包中合作管理、关系质量与外包效果关系研究——以深圳市为例[J]. 管理评论, 2016, 28 (2): 197-209.

[303] 刘刚,王岚. 公平感知、关系质量与研发合作关系价值研究[J]. 科研管理, 2014, 35 (8): 25-33.

[304] 刘美璐,李晓萍. B2B 环境下物流服务质量与关系质量实证研究[J]. 商业经济研究, 2015, (1): 41-42.

[305] 刘婷,刘益,陶蕾. 交易机制与关系机制对营销渠道企业间合作的作用研究[J]. 预测, 2009, 28 (4): 28-33.

[306] 刘伟,邱支艳. 关系质量、知识缄默性与 IT 外包知识转移——基于接包方视角的实证研究[J]. 科学学研究, 2016, 34 (12): 108-117.

[307] 马鸿佳,马楠,郭海. 关系质量、关系学习与双元创新[J]. 科学学研究, 2017, 35 (6): 120-133.

[308] 秦德智,秦超,赵德森. 组织交互渠道、关系质量及学习意愿对中国-东盟跨国公司技术转移绩效的影响[J]. 科技进步与对策, 2018, 35 (2): 53-58.

[309] 沙颖,陈圻,郝亚. 关系质量、关系行为与物流外包绩效——基于中国制造企业的实证研究[J]. 管理评论, 2015, 27 (3): 185-196.

[310] 沈鹏熠. 国际离岸服务外包中伙伴关系质量的驱动因素及效应研究[J]. 管理评论, 2013, 25 (10): 40-49.

[311] 史会斌,吴金希. 个人关系对联盟中企业公平感形成的影响研究[J]. 工业

技术经济，2013（2）：3-12.

[312] 涂剑波，陶晓波，吴丹．关系质量视角下的虚拟社区互动对共创价值的影响:互动质量和性别差异的调节作用[J]．预测，2017，36（4）：29-42.

[313] 万作勇．农产品流通渠道关系质量对流通绩效的影响[J]．商业经济研究，2019，764（1）：124-126.

[314] 王夏洁，刘红丽．基于社会网络理论的知识链分析[J]．情报杂志，2007，26（2）：18-21.

[315] 王晓飞，汪全勇，俞以平．关系收益对关系质量的影响——兼论顾客依恋回避的调节效应[J]．商业研究，2017（2）：19-25.

[316] 温忠麟，侯杰泰，张雷．调节效应与中介效应的比较和应用[J]．心理学报，2005，37（2）：268-274.

[317] 吴明隆．SPSS统计应用实务[M]．北京：中国铁道出版社，2000.

[318] 席酉民，韩巍．基于中国文化的领导[J]．西安交通大学学报，2001，21（4）：10-13.

[319] 邢博．技术先进型服务企业客户关系质量影响因素研究——探索性多案例的实证研究[J]．科学学与科学技术管理，2013，34（2）：53-62.

[320] 杨倩，刘益，杨伟．企业间多元关系对新产品开发的影响——基于权力使用的视角[J]．科技进步与对策，2011，28（3）：75-80.

[321] 杨粟英，彭遥，陆绍凯．个人关系对项目伙伴组织间正式控制结构的影响——对中国建筑行业的实证研究[J]．软科学，2018，32（5）：94-96，102.

[322] 姚小涛，席酉民．从个人关系到企业联盟关系：中间过程及其调节机制的实证研究[J]．管理工程学报，2009，23（4）：1-5.

[323] 姚小涛，席酉民．社会网络理论及其在企业研究中的应用[J]．西安交通大学学报，2003，23（3）：23-27.

[324] 袁兵．多渠道关系沟通对顾客关系质量的影响——来自淘宝网店的实证数据[J]．营销科学学报，2017，13（1）：67-82.

[325] 赵阳，刘益，张磊楠．战略联盟控制机制、知识共享及合作绩效关系研究[J]．科学管理研究，2009，27（6）：51-54.